존 맥스웰의 청소년 리더십 수업

리더
를 꿈꾸는
10대 에게

존 맥스웰의 청소년 리더십 수업

리더

를 꿈꾸는
10대 에게

존 C. 맥스웰 지음 | 김성 옮김

애플북스

리더는 타고나는 것이 아니라 만들어진다

"어른이 되면, 나는 ○○○이 될 거예요!"

여러분은 빈칸에 무슨 말을 넣었죠? 유치원에서 여러분이 작은 손을 번쩍 들고 흔드는 동안 여러분의 친구들은 확신에 찬 대답을 했겠죠. 소방관! 변호사! 파일럿! 선생님! 물리학자! (괜찮아요. 그중 하나쯤은 허풍일 수도 있으니까.) 하지만 나이가 한 살 두 살 많아지면서 슬슬 의심이 스며듭니다. 여러분은 자신에게 묻기 시작했을 겁니다.

'나는 정말로 마음만 먹으면 내가 되고 싶은 사람이 될 수 있을까?'

확실한 꿈이 있다면, 꿈을 포기하지 마세요.

우리 인생에서 무엇보다 중요한 것은 꿈입니다. 여러분 자신에

게는 말할 것도 없고, 여러분을 사랑하는 사람들에게도 여러분의 꿈은 중요합니다. 여러분이 지쳤을 때, 풀이 죽었을 때, 마음이 흔들릴 때, 꿈은 여러분이 계속 나아갈 수 있게 도와줍니다.

이러한 꿈을 이루는 열쇠가 바로 리더십입니다. 리더십을 발휘하는 기술은 여러분의 꿈을 이루기 위한 중요한 열쇠지요. 사람들을 어떻게 이끌어갈지 어렸을 때 배우게 되면 성공하기 쉬울 뿐만 아니라, 다른 사람이 성공하도록 도와주는 기쁨을 맛볼 수도 있어요.

이걸 생각해보세요. 코치는 자기 팀 선수에게 최고 수준에 도달할 기회를 주는 리더입니다. 축구(야구, 농구, 축구 또는 배구) 팀이 이기지 못하면 코치는 선수를 한두 명 교체합니다. 하지만 팀 전체에 문제가 있다면 대개 새로운 코치가 들어옵니다.

그렇다면 리더십이란 무엇일까요? 이 책은 리더십의 진정한 의미를 이야기하고, 훌륭한 리더가 될 수 있는 방법을 가르쳐줄 것입니다. 무엇보다 여러분이 기억해야 할 사실은, 리더십은 타고나는 것이 아니라 계발되고 만들어지는 자질이라는 것입니다.

어떤 여행자들이 다른 나라에 있는 매력적인 여행지를 방문하고 있었다. 그들이 걸어가고 있는데 담장 곁에 늙은이가 한 명 앉아 있었다. 한 여행객이 조금 거만한 태도로 물었다.

"이 마을에서 태어난 위대한 인물이 있습니까?"

노인이 대답했다.

"없어요. 아기들만 태어나는걸요."

우리들 대부분은 재능이란 타고난다고 생각합니다. 실제로는 우리 '모두'는 '아기'로 태어나는데도요. 능력은 자라면서 계발되는 것입니다. 어떤 이는 천성적으로 남을 이끌어가는 일이 쉬울 수도 있습니다. 하지만 자신이 진정으로 바라기만 한다면 누구든지 훌륭한 리더가 되어 남을 이끄는 기술을 배울 수 있습니다. 나는 여러 차례 거듭해서 그 사실을 확인했습니다. 이 책을 통해 여러분은 자신에게 중요한 것들, 즉 자신의 믿음, 가치, 목표에 대해 사람들에게 긍정적인 영향을 주는 법을 배울 수 있을 것입니다.

여러분, 세상에는 좋은 리더가 필요합니다. 우리는 그저 느긋하게 기대앉아서 다른 사람이 이끌어주기만 기다리고 싶은 유혹을 느끼기도 합니다. 하지만 리더는 다른 사람을 이끄는 사람이기 이전에, 자신을 이끄는 사람입니다. 각자의 마음속에 품은 소중한 꿈을 이루기 위해, 그리고 다른 사람들에게 도움이 되는 존재가 되기 위해, 우리 모두는 자신의 위치에서 성실한 리더가 되어야 합니다.

— 존 C. 맥스웰

CONTENTS

내 안에 잠자는 리더 본능을 깨워라

chapter 1

영향력 있는 리더는 외롭지 않다

chapter 2

리더는 위기의 순간에 더욱 빛난다

자기 훈련으로 의지력과 책임감을 키워라

긍정적인 태도를 '선택'하라

크고 높게, 리더의 꿈을 꾸어라

chapter 9

새로운 시작, 이제는 내가 이끌 차례!

chapter 10

DEVELOPING INNER LEADERSHIP

"

내 안에 잠자는
리더 본능을 깨워라

"

"좋은 리더는 사람들이 가고 싶어 하는 곳으로 그들을 이끈다. 위대한 리더는
사람들이 가고 싶어 하지 않지만 꼭 가야 하는 곳으로 그들을 이끈다."
로절린 카터(미국의 전 영부인)

"모든 인간에게는 존경할 만한 잠재력이 있다. 자신의 힘과 젊음을 믿어라."
앙드레 지드(작가)

난 **리더**가 될 수 있어!

여러분에게 위대한 리더 몇 사람의 이름을 들어보라고 한다면, 여러분의 리스트에는 누가 올라갈까요? 인도의 간디는 비폭력 저항으로 인도의 독립을 이룬 위대한 리더였습니다. 머더 테레사도 그랬고, 훌륭한 대통령들도 위대한 리더에 속하죠. 자신의 이름을 건 토크쇼를 진행하며 많은 시청자에게 영향을 주는 오프라 윈프리도 그렇습니다. 여러분이 존경하는 학교 선생님, 운동부의 코치 선생님도 모두 리더들입니다.

그렇다면 여러분 자신에 대해서는 어떻게 생각하세요? 혹시 단호하게 '난 리더십이 없어'라고 생각하는 친구들이 있나요? 여러분, 리더십은 타고나는 것이 아닙니다. 아직은 리더로서 다른 사람들 앞에 나서서 그들을 이끈 적 없다 할지라도, 자기 안에 잠자는 리더의 자질을 발견하고 행동을 시작하는 순간 여러분은 얼

마든지 훌륭한 리더가 될 수 있습니다.

트레버 페럴은 여가 시간이면 비디오 게임을 하거나 친
구들과 어슬렁거리며 시간을 보내는 중학생이었다. 열심히
공부하는 편도 아니었고 성적은 중간 정도였다. 주변 사람 누
구도 트레버를 특별한 아이로 보지 않았다. 하지만 어느 날
걸려온 신비한 전화 한 통이 트레버 자신도 미처 알지 못하던
리더로서의 훌륭한 자질을 일깨웠다.

그 전화는 트레버가 텔레비전을 보고 있던 어느 날 밤에 걸려
왔다. 처음 듣는 목소리가 트레버의 이름을 불렀다.

"네가 트레버 페럴이니?"

"그런데요. 누구시죠?"

"난 이 말을 해주려고 전화를 걸었다. 넌 훌륭한 리더가 될
수 있어. 당장 네 주변의 작은 일부터 시작해보렴."

그러고는 전화가 끊겼다.

트레버는 영문을 알 수 없었다. 자기 이름을 말하지 않았다면
장난전화로 넘겨버렸을 것이다. 그러나 '넌 리더가 될 수 있
어' 라는 말이 어쩐지 귓가를 떠나지 않았다.

그때 고개를 돌리자, 텔레비전에서 필라델피아의 노숙자들을
보여주고 있었다. 지저분한 차림으로 굶주린 채 한뎃잠을 자
는 사람들을 보며 트레버는 충격을 받았다.

'어떻게 저럴 수 있지? 여긴 미국인데.'

트레버는 그런 일은 인도 같은 나라에나 있는 일이라고 생각
했었다. 트레버는 아버지에게 실제로 저런 노숙자들이 있냐
고 물어보았다. 아버지는 사실이라고 했다. 그때는 12월로,
트레버가 살고 있는 펜실베이니아는 살을 에듯 추웠다. 그런
날씨에도 거리에는 집 없는 사람들이 딱딱한 보도 위에서, 길
모퉁이에서, 배수구나 환기구의 덮개 철망 위에서 웅크린 채
잠을 잤다. 트레버가 의식하지 못하고 지나쳤을 뿐, 주변에는
언제나 그런 사람들이 있었다.

그때 또다시 전화 속 목소리가 귓가에 환청처럼 들렸다. 트레
버는 뭔가 해야 한다는 걸 깨달았다. 그는 곧장 시내로 나가
길거리에 있는 사람들에게 담요와 자기가 가장 아끼던 베개
를 주고 싶었다. 망설일 시간이 없었다! 트레버는 당장 부모
님에게 자신의 뜻을 전했다. 그리고 트레버와 부모님은 '바로
그날 밤에' 갈 곳 없는 사람들이 있는 추운 겨울의 거리로 달
려 나갔다. 트레버가 리더로 탄생하는 순간이었다.

트레버의 열정과 추진력은 거기서 그치지 않았다. 담요와 여
분의 옷을 모두 가져다주고 나자, 트레버는 아버지가 운영하
던 가게에 도움을 청하는 표지판을 내걸었다. 사람들 사이에
소문이 퍼지면서 사람들은 잊고 있던 노숙자들을 위해 음식,
옷가지, 돈을 보내주기 시작했다. ★

가끔 청소년들은 자신이 리더가 될 수 있다는 사실을 믿지 않습니다. 어른들이 자기들을 리더로 봐주지 않는다고 생각하기 때문이지요. 하지만 리더는 누가 인정해줄 때 되는 것이 아니라 스스로 실천하면서 되는 것입니다.

만약 그날 밤 트레버가 그 전화를 대수롭지 않게 생각하며 이렇게 말해버렸다면 어땠을까요?

"나 같은 어린애가 도대체 뭘 할 수 있겠어?"

여러분, 대단한 일을 해야만 훌륭한 리더가 되는 것은 아닙니다. 트레버처럼 자기 주변을 살피고, 가까운 사람들을 옳은 행동으로 이끄는 것, 그것으로 충분합니다. 또한 아래에 나오는 이야기의 제니퍼 호윗처럼 나 자신에게 최선을 다하고 좌절하지 않는 것도 훌륭한 리더가 되는 길입니다. 우리는 나와 비슷한 사람들의 훌륭한 모습을 보며 감동하고 자신을 돌아보기 때문이죠.

운동을 좋아하던 제니퍼는 아홉 살 때 하이킹을 갔다가 사고를 당해 척추가 부러져 전신 마비가 되었다. 아마 평생 휠체어 신세를 져야 할 것이었다. 그러나 제니퍼는 좌절하지 않고 미국 최고의 장애인 운동선수가 되기 위해 노력했다. 그녀는 1998년 세계 선수권 대회의 트랙과 필드 부문 경기에 참가했다. 그리고 2000년 시드니 장애인 올림픽에 미국 여자 휠체어 농구팀의 선수 열두 명 중 가장 나이 어린 선수로 참가했다. 제니퍼의 목표는 장애가 있는 어린 소녀들에게 그들이 원하는 것은 무엇이든 이룰 수 있다는 것을 보여주는 것이었다. 제니퍼는 이렇게 말한다.

"뜻하지 않은 난관이 생기면 목표를 수정해야 할지도 몰라. 하지만 넌 언제든지 그걸 이룰 수 있어."

젊은이들이 *세상*을 이끈다

고대 이스라엘의 소년 다윗은 거인 골리앗과 일대일로 맞서서 승리한 인물입니다. 8형제 중 막내였던 다윗은 소년 시절에 왕의 후계자로 지목되었지요. 다윗을 알고 있던 사람들은 아무도 그를 왕의 재목으로 보지 않았습니다. 다윗의 아버지는 물론이고 형들도 자신들보다 어리고 용감하지도 않은 동생을 결코 인정할 수 없었지요. 그들이 보기에 다윗은 나이도 어리고 경험도 없는 한낱 양치기 소년일 뿐이었으니까요.

후대 왕으로 지목되어 사울 왕을 섬기던 다윗은 전쟁터에 도착해 거인 골리앗에게 혼자 몸으로 도전합니다. 다윗이 정말 싸우려 한다는 걸 아무도 믿지 않았습니다. 그의 형들이나 사울 왕도 믿지 않았고, 특히 그 거인은 더욱 그랬습니다! 그러나 다윗은 용감하게 앞으로 나섰고, 거인 골리앗을 무너뜨렸습니다.

무엇이 다윗이 리더로 설 수 있게 만들었을까요?

다윗은 자신을 믿었습니다. '난 안 돼'라는 부정적인 마음이나 자신에 대한 의심은 얼마든지 할 수 있는 일도 실패하게 만듭니다.

내가 생각하는 현재의 내 모습은 때때로 지금보다 나아지고 새로운 일에 용감하게 도전하는 것을 가로막는 걸림돌이 됩니다. 시작해보기도 전에 두려워하지 마세요. 갈 수 있는 데까지 가보지 않는다면, 내가 정말 어떤 사람이며 얼마나 성장할 수 있는지 결코 알 수 없습니다.

'내가 지금 그런 일을 할 만한 위치인가'를 생각하지 말고 '이 일에 도전해서 더 높은 위치에 올라서겠다'는 마음을 가지십시오. 리더에 대한 고정된 이미지를 머릿속에 담은 채 현재의 자신과 비교해서는 안 됩니다. 여러분은 리더란 모두 부자에 유명하고 완벽한 사람이며 좋은 동네 출신이라고 생각합니다. 이런 리스트는 끝이 없습니다. 그러나 여러분, 처음부터 좋은 환경에서 시작해 훌륭한 리더가 되지는 않습니다. 오히려 힘든 어린 시절과 콤플렉스를 이겨내고 리더의 자리에 올라선 사람들이 더 많습니다.

리더란 누구나 될 수 있습니다. 트레버나 제니퍼처럼, 그리고 여러분처럼! 수많은 리더가 남과는 다른, 남이 하지 않는 특별한 일을 하고 있는 곳은 바로 아무도 보지 않는 자기 집 뒷마당

입니다!

　어떻게 해야 좋은 리더가 되는지 알고 싶나요? 그럼 이렇게 해보세요. 가까운 친구들에게 그들이 생각하는 좋은 리더에 대해 물어보는 거예요. 아마 모두 다른 대답을 내놓을 겁니다. 경험에 따라, 가치관에 따라 저마다 생각하는 리더의 모습은 다를 테니까요. 그리고 세상이 다양하듯 리더 역시 하나의 모습일 수는 없습니다. 교실에서, 운동 경기에서, 무대에서, 일터에서, 그 모든 장소와 상황에서 필요한 리더의 자질은 다양합니다. 나이나 조건, 환경 같은 건 중요하지 않아요.

　예를 들어 여러분이 학생회 임원인데, 학교 급식이 점점 질이 나빠진다고 가정해봅시다. 여러분은 학생회에 문제를 제기하고 싶을 겁니다. 다음 학생회 총회 때 그 문제를 발표하기 위해 증언을 해줄 사람을 찾기로 합니다. 여러분은 같이 급식은 먹는 동급생을 선택하겠습니까, 아니면 20년 전에 학교를 졸업한 선배를 선택하겠습니까? 당연히 자기 또래의 사람을 찾겠지요.

　모든 세대에게는 각기 자기 세대의 리더가 있습니다. 같은 역사를 공유한 리더 말이에요. 모세는 이스라엘 사람을 이집트에서 이끌고 나왔어요. 하지만 약속의 땅으로 이스라엘 사람들을 인도해 간 사람은 여호수아였습니다. 여호수아는 새로운 세대에게 영향력이 있었던 거예요. 그는 또래들과 똑같이 광야를 떠돌며 자랐으니까요.

여러분은 아주 빠르게 기술이 변해가는 시대를 살고 있습니다. 휴대전화, 컴퓨터, 디지털 카메라는 모두 여러분이 친구들과 연락하고 정보를 주고받는 데 편리하게 사용하는 물건들입니다. 하지만 여러분의 아버지의 아버지의 아버지인 증조할아버지는 이런 물건을 사용한 적 없습니다. 기술 혁신은 시간에 따라 달라집니다. 말투가 시대에 따라 달라지듯이 말이에요.

모든 세대에게는 자기 세대만의 말투가 있습니다. 시대극에서 사용하는 말에 귀를 기울여보면 알 수 있지요. 잠깐 머리를 식힐 겸 여러분 이전 세대의 유행어를 살펴볼까요? 대부분 여러분에게는 낯선 말일 거예요.

1950년대 : 자유당(얼굴이 제멋대로 생겼다는 농담), 청춘 차압장(징집영장), 금붕어(다방에 살다시피 하는 대학생)

1960년대 : 우골탑(시골에서 소 팔아 보내준 돈으로 학교 다닌다는 뜻에서 상아탑을 이르던 말), 무허가 건축(못생긴 사람)

1970년대 : 인간 상록수(장발족), 도벌꾼(장발 단속 경찰)

여러분은 어떤 세대의 리더에게서나 배울 수 있습니다. 몇백 년 전의 리더에게서 배우기도 하고 동시대의 리더에게서 배우기도 하지요. 하지만 여러분의 세대를 직접 이끄는 것은 바로 여러분입니다. 같은 경험과 언어를 공유하는 젊은이들끼리 의사소통이 가장 잘되며 그를 바탕으로 세상을 좋게 만들기 위해 더 적극적으로 행동할 수 있으니까요.

오늘날 평균 수명은 점점 늘어나고 있습니다. 몇백 년 전만 해도 평균 수명은 30세 정도였습니다. 이제 수명이 늘어났으니 일생 동안 우리가 만나는 사람의 수도 당연히 늘어났겠지요.

어떤 전문가들은 평범한 인간이 일생 동안 최소한 만 명의 사람들에게 영향을 준다고 이야기합니다. 한 사람이 아주 어린 시절부터 리더의 역할을 시작했다면, 그가 영향을 줄 수 있는 사람의 수는 더 많아지겠죠. 얼마나 많은 사람이 일생 동안 여러분에게 영향을 줄지, 그리고 반대로 여러분이 얼마나 많은 사람에게 영향을 줄지 상상해보세요.

어릴 때 리더의 역할을 시작하면 성공과 실패를 포함해서 더 많이 배우고 성장하는 시간을 갖게 됩니다. 그리고 어리기 때문에 리더의 경험을 더 빨리 오랫동안 할 수 있습니다. 세상살이에 굳어져버린 기성세대보다 젊은 사람들은 훨씬 강한 신념을 갖고 불가능한 일에도 적극적으로 나섭니다. 장애보다는 '기회'를 보는 것이지요.

물론 현실적인 난관이 너무 벅차거나 아무도 선뜻 따라주지 않을 때도 있을 것입니다. 그럴 때 희망을 포기하면 편하게 살 수는

있습니다. 그러나 그런 사람은 리더가 될 수 없습니다. 인종 차별에 누구도 저항하지 않던 시대에 과감히 나서서 평등을 위해 싸운 마틴 루터 킹을 생각해보세요. 세상이 발전하고 앞으로 나아가기 위해서는 젊은 리더, 용감한 리더가 필요합니다. 그리고 그 리더는 바로 여러분이 될 것입니다. 결심하고, 준비하고, 행동을 시작한다면 말이에요.

26

아직 서툴지만
나에게는 열정이 있어

　늦게까지 밖에서 놀게 해달라고, 조금만 더 게임하게 해달라고, 친구 집에서 자고 가게 해달라고 부모님을 성가시게 괴롭히고 떼쓴 적이 있나요? (자, 진실 게임을 해봅시다.) 여러분은 종종 자신이 원하는 것을 얻을 때까지 끈질기게 매달려 귀찮게 조르죠? 이런 행동은 부모님을 성가시게 하는 일입니다. 하지만 리더가 어떤 일을 위해 끈질기게 조르고 뜻을 굽히지 않겠다고 결심하는 건 매우 가치 있는 일이 됩니다. 열정, 이상, 집중, 활력, 이런 것은 여러분이 가진 재산이며, 건설적인 일에 쏟아 부어야 할 에너지입니다.

　제니퍼 호윗 이야기를 기억하죠? 그녀는 걸을 수 없는 상태에서 살아가는 방법을 배워야 했습니다. 엄청 힘들었죠! 수많은 결단과 큰 힘이 필요했어요. 그러나 제니퍼는 휠체어가 두 발처럼

27

편안하게 느껴질 때까지 끈질기게 매달렸습니다. 제니퍼는 과감하게 자신이 가는 길을 가로막는 걸림돌을 치워버렸습니다. 제니퍼처럼 여러분도 에너지를 나의 미래를 위해 쏟으세요.

어떤 어른들은 리더가 되기로 결심하고 행동을 시작한 여러분에게 이렇게 충고할지도 몰라요. "넌 아직 경험이 부족해"라고 말이지요. 맞아요, 분명히 경험은 나이에 많이 비례하지요. 그렇지만 그런 이야기를 듣고 주눅 들 필요는 없어요.

트레버 페럴 이야기를 다시 생각해봅시다. 트레버는 자기가 사는 도시의 노숙자들에 대해 아무것도 몰랐으며 봉사 활동 경험도 거의 없다시피 했습니다. 하지만 그가 초등학교를 졸업할 때까지 트레버 이야기는 《뉴욕 타임스》, 《보스턴 글러브》, 《시카고 트리뷴》, 《필라델피아 인콰이어러》, 《USA 투데이》 같은 큰 신문들과 《피플》, 《맥콜》 같은 잡지와 주요 텔레비전 프로그램에 소개되었습니다. 그뿐만 아니라 트레버는 로널드 레이건 대통령에게서 백악관에 초청되는 영예를 얻었죠. 여러분, 트레버가 리더로서 행동을 시작했을 때 그가 어느 정도로 해낼 수 있는 형편이었는지 생각해보세요.

어린 트레버는 전혀 유명하지도 않았고 유명한 사람의 아들도 아니었습니다. 그런 트레버가 그렇게까지 주목받은 것은 그가 어린 학생이었기 때문입니다. 그 나이로서는 해내기 힘들다고 생각하는 행동을 트레버는 진심을 다해 실천했으니까요. 만약 트레버

가 어른이었다면, 집 없는 노숙자에게 베푼 일들을 사람들은 별로 눈여겨보지 않았을 겁니다. 미숙하고 경험 없는 사람이 전혀 부족하지 않은 리더가 된 것이죠.

트레버는 현대의 다윗이라 할 수 있습니다. 평범한 보통 소년이 특별한 일을 해냈으니까요. 그런데 이는 거창한 행동에서 시작된 것이 아닙니다. 그저 자기 베개를 누군가에게 주었을 뿐입니다. 그런 시작이 주위 사람들을 이끌어 점점 규모가 커졌지만, 트레버는 여전히 어린 사람이었습니다. 그리고 어린 소년인 채로 자신이 할 수 있는 일을 멈추지 않고 계속했습니다.

여러분은 자신을 리더라고 생각하고 있습니까? 자신이 사람들을 이끌고 일을 해나갈 수 있다는 거, 알고 있잖아요. 그리고 앞으로 리더가 되어 사람들을 이끌 것이란 사실도. 집이나 학교, 동네를 둘러보세요. 여러분이 필요한 곳이 있습니까? 여러분은 누구를 도울 수 있습니까? 기회가 올 거예요. 머뭇거리지 마세요!

리더십 노트 만들기

여러분의 책상 서랍에는 뭐가 들어 있나요? 매일 쓰는 문구류를 비롯해 귀여운 장식품이나 친구에게 받은 편지, 부모님 몰래 숨겨둔 만화책, 사다 놓고 잊어버려서 한 번도 쓴 적 없는 물건 등이 가득할 것입니다. 그만 버려야 할 물건도 있고, 더 채워 넣어야 할 물건도 있겠지요.

내 책상 서랍을 채우고 관리하듯 리더십 노트를 만들어 한 줄 한 줄 채워 넣고, 시간이 지나면서 지워야 할 것은 지워가며 종이를 채워보세요. 리더십 노트는 거창하게 채울 필요가 없습니다. 학교나 학원, 교회나 취미 모임 등을 통해 우리는 다른 사람을 돕고 올바르고 긍정적인 일을 하는 창조적인 방법을 많이 발견하게 됩니다. 그런 경험과 깨달음, 나의 장점과 개선할 점을 노트에 정리하다 보면 노트의 마지막을 채울 때쯤이면 한층 성숙한 자신을 발견할 수 있을 거예요.

선뜻 시작하기 힘들다고요? 좋아요. 일단 다른 사람에게 도움을 주고 그들을 이끌 수 있는 목표를 정하고, 그것을 실천하기 위한 단계적인 목표를 세 가지로 정하세요. 크게 생각하세요! 지금 곧장 하고 싶은 게 뭐죠? 앞으로 어디까지 밀고 나가고 싶죠? 예를 들어 의사가 꿈인 학생이라면 이런 목표를 세울 수 있겠죠.

1. 학교에 모임 개설 허가를 신청한다.
2. 어린이 병동에서 자원 봉사할 모임을 만들어 활동한다.
3. 소아암 치료법 연구를 돕는다.

너무 장기적인 목표라고요? 자신이 하고 싶은 일에 대해 이야기할 때 '나중에'라는 단서를 붙이는 건, 지금은 하지 않아도 된다는 의미가 아니에요. 관련된 공부를 하고, 지금 할 수 있는 일을 찾아 행동하면서 한 걸음씩 나아가는 것이지요. 그렇게 작은 리더로서 실천하다 보면 꿈도 이루고 위대한 리더도 될 수 있습니다.

2

"

영향력 있는 리더는
외롭지 않다

"

"리더의 질은 그 리더가 자신에게 맞춰서 설정해놓은 기준에 나타나게 된다."

레이 크록 (맥도널드 창립자)

영향력은
어디에서 나올까

여러분은 아마 텔레비전이나 영화에서 뉴욕을 본 적 있을 거예요. 가만히 서 있는 사람이 거의 없는 분주한 곳이지요. 만약 누구든 길 한가운데에 가만히 서 있으면 그 사람은 분명 사람들의 눈길을 끌 것입니다.

어느 날 뉴욕에서 한 남자가 매우 번잡한 거리 모퉁이에 서 있었습니다. 그는 거기 서서 고개를 위로 든 채 하늘을 쳐다보았어요. 그때는 출근 시간이었지요. 그래서 한참 동안 아무도 눈여겨보지 않았습니다. 하지만 일단 사람들의 눈에 띄자, 그는 엄청난 관심을 모았습니다. 금방 한 무리의 사람들이 주변에 몰려들었습니다. 그리고 모두 그가 보는 것을 보려고 목을 길게 뺐습니다.

폭격기가 머리 위로 지나가나? 심한 폭풍우가 몰려오고 있나? UFO라도 나타났나?

사람들은 열심히 남자의 시선을 좇았지만 하늘에는 어떤 특별한 것도 보이지 않았습니다. 그들은 점점 그 사람 가까이 다가가서 제대로 방향을 잡아보려고 했습니다. 손으로 햇빛을 가리고 저 먼 곳을 열심히 쳐다봤습니다. 어떤 사람은 쌍안경을 꺼냈습니다! 하지만 아무도 그 남자의 관심을 끈 것이 무엇인지 볼 수 없었습니다.

뉴욕 사람들은 낯선 사람에게 쉽게 말을 걸지 않습니다. 그러나 참다못한 사람 한 명이 결국 남자에게 물었습니다.

"어이, 이봐요. 뭘 쳐다보는 거요?"

고개를 들고 있던 남자는 화들짝 놀랐습니다. 사람들이 자기 주변에 몰려 있다는 걸 미처 몰랐기 때문입니다.

"특별히 쳐다보는 건 없는데요."

그는 여전히 하늘을 쳐다보면서 말을 이었습니다.

"목에 쥐가 나서요."

이 이야기를 하는 이유가 뭔지 눈치 챘나요? 바로 영향을 준다는 게 뭔지 잘 보여주는 그림이기 때문입니다. 영향력은 리더가 되는 데 중요한 역할을 합니다. 목이 아픈 사람 하나가 수많은 사람을 멈춰 세워서 그가 하는 대로 따라하게 했습니다. 계획하지는 않았지만 거기 모인 사람들이 모두 하늘을 쳐다보는 동안, 그는 그 사람들의 유일한 리더였습니다!

1장에서 여러분은 자신이 존경하는 사람의 이름을 떠올려보았

습니다. 여러분이 리더로 우러러보는 사람 말입니다. 자, 이제 묻겠습니다. 왜 그들이 여러분에게 영향을 주었습니까? 여러분이 멈춰 서서 그들에게 관심을 갖게 만든 것은 무엇이었습니까? 여러분의 관심을 끈 것은 그들의 얼굴이었습니까, 복장이었습니까, 그들의 말이었습니까? 아니면 그들이 해낸 일이나 특별한 행동 방식 때문입니까?

20세기 초중반, 월트 디즈니는 만화 영화와 가족 오락 산업계의 리더였습니다. 디즈니랜드, 미키 마우스와 도널드 덕, 어린이 책, CD, 만화 영화……. 여러분도 어릴 때 누구나 디즈니 영화를 본 적 있을 것입니다. 그리고 그 영화들에서 많은 영향을 받았을 거예요. 여러분이 세상에 대해 생각하는 방식에 월트 디즈니가 어떤 영향을 주는지 느껴지지 않나요? 그의 아이디어는 그가 죽은 다음에도 계속 사람들에게 영향을 끼치고 있습니다.

모든 리더가 훌륭한 본보기인 것은 아닙니다. 어떤 리더들은 다른 사람들을 잘못된 방향으로 이끌기도 합니다. 하지만 옳은 영향력이든 그른 영향력이든, 리더의 원칙은 변함없습니다.

'자기를 따르는 사람이 있다면, 그는 리더다.'

경기장에서 다른 선수와 다투는 운동선수, 음주운전이나 마약 복용으로 신문에 오르내리는 연예인 등을 생각해봅시다. 그들은 리더일까요?

아니라고요? 그렇지 않습니다. 그들은 분명히 리더입니다. 그들처럼 되고 싶어 하는 수많은 사람들의 우상입니다. 그럼에도 그들은 불행하게도 자신들의 영향력을 잘못 사용하고 있습니다. 그들의 영향력은 청소년들을 잘못된 길로 이끌 수 있습니다. 리더라고 언제나 옳은 것은 아닙니다. 바람직하지 않은 리더는 그를 따르는 사람들 모두에게 그릇된 영향을 주게 되지요. 그렇기 때문에 리더에게는 올바른 선택을 하고 모범을 보일 줄 아는 책임감이 요구되는 것입니다.

이렇게 영향력이 강하지만 바람직하지 않은 영향력을 발휘하는 것도 문제지만, 리더의 위치에 있으면서도 영향력이 부족한 것도 문제입니다.

예를 들어 여러분이 농구팀 주장이라면 많은 사람이 여러분을 리더라고 생각합니다. 하지만 그 '주장'이라는 위치만으로 여러분이 리더가 되지는 않습니다. 팀원들이 여러분의 생각을 무시한다면 말입니다. 진짜 리더는 '주장'이라는 타이틀이 있든 없든 그에 상관없이 사람들이 따르지요.

한번 떠올려보세요. 친구들이 모여서 뭘 해야 할지 결정하려 할 때면 모두 누구를 쳐다보나요? 게임의 규칙에 대해 토론할 때 다른 사람들이 누구의 말에 찬성합니까? 사람들이 누구와 똑같은 옷을 입고 싶어 합니까? 이때 중심이 되는 사람이 바로 사람들을 끄는 영향력을 가진 사람, 진짜 리더입니다.

강요하지 말고
함께하라

아직 영향력에 대해 구체적으로 느껴지지 않나요? 좋아요, 이렇게 비유해보겠습니다. 친한 친구가 유행성 감기에 걸렸다면, 여러분도 전염될 게 틀림없습니다. 쉽게 말해 영향력은 감기 바이러스 같은 것입니다. 만약 누군가가 영향력이 있다면, 그 영향력은 여러분에게도 자연스럽게 미칩니다. 영향력이란 특별한 게 아닙니다. 매일 생겨나는 것이지요. 어떤 물건이나 사람이 여러분에게 중요하다면 여러분은 그 물건이나 그 사람을 줄곧 생각합니다. 시간은 중요하지 않죠. 그러다 보면 어느새 여러분 자신의 됨됨이에 자신이 존경하는 사람의 됨됨이를 받아들이게 됩니다. 이때 그 영향력이 긍정적이고 선한 것이라면 더할 나위 없죠.

가끔, 중요한 사건들이 세대 전체에 영향을 줍니다. 전쟁은 사람들의 형제자매, 아들딸을 죽이고 그 가족의 삶을 영원히 바꿔버릴 수도 있습니다. 학교에서 일어난 폭력 사건은 학교 운영 방침을 바꿉니다. 대통령 선거는 한 나라의 진로에 영향을 줍니다. 그러나 여러분에게 가장 자주 그리고 많이 영향을 끼치는 것은, 사람들이 말하고 행동하는 아주 작은 부분입니다. 텔레비전이나 인터넷의 영향도 포함해서요. 어떤 책을 읽고 어떤 음악을 들을지, 어떤 옷을 입고 어떤 식당에서 밥을 먹어야 할지 등등을 정할 때를 생각해보면 수긍이 갈 것입니다.

여러분이 뭘 하더라도 여러분은 다른 사람에게 영향을 주고 있습니다. 그들은 여러분이 행동하고 말한 것들을 기억할 것입니다. 때때로 그것은 좋은 것이 되고, 때로는 그리 대단하지 않은 것이 됩니다. 그건 모두 여러분에게 달렸습니다.

여러분은 지금 사람들에게 어떤 영향을 주고 있습니까? 그리고 앞으로 어떤 영향을 주고 싶습니까? 그건 생각해봐야 할 중요한 문제입니다. 누가 여러분의 본보기입니까? 그들은 여러분에게 얼마나 영향을 끼쳤습니까? 여러분은 그들에게서 배운 것으로 다른 사람에게 얼마나 영향을 끼치려고 합니까?

나는 고등학교에 다닐 때 농구를 했습니다. 기독교인이 된 다음에는 경기가 끝나 라커룸으로 들어가면 혼자 앉아서 짧게 기도를 했습니다. 나는 아무도 그걸 보지 않았다고 생각했습니다.

어느 날 코치가 들어오더니 나를 보고 "괜찮니?" 하고 물었습니다.

"괜찮아요, 선생님. 그냥 잠깐 기도를 하고 있었어요. 오늘 저녁 경기를 감사드리면서요."

나는 조용히 대답했습니다. 누구에게 보이려고 그런 것은 아니었습니다. 경건한 사람이라는 인상을 주려고 그런 것이 아니었습니다.

그런데 코치 선생님은 그 짤막한 대화를 잊지 않은 모양이었습니다. 14년 뒤, 내가 목사가 되어 내 일을 제대로 할 수 있게 된 다음이었는데, 그 선생님에게 커다란 위기가 닥쳤습니다. 선생님이 나에게 연락을 해서 우리는 만나 이야기를 나눌 수 있었습니다. 그때 그가 이렇게 말했습니다.

"존, 나는 줄곧 네가 경기하는 것을 봤고, 네가 기도하는 것도 봤어. 난 네가 가지고 있는 것이 필요해."

나의 고등학교 농구팀 코치를 주님께 인도한 것이 그날이었습니다. 우리는 결코 알 수 없습니다. 자신의 영향력이 어디까지 펼쳐질지를.

여러분은 사람들을 좋아하지만 좋아하는 만큼 그 사람들에게 영향력이 있지는 않다고 생각할지 모릅니다. 실제로 지금은 그럴지도 모릅니다. 그러나 그것은 바꿀 수 있습니다. 인내심을 갖고, 아이디어를 서로 나누는 방법을 배우고, 생각을 명확하게 표현하는 방법을 배우세요. 밀어붙이지는 마세요! 그런 방식으로는 다른 사람들이 여러분이 말하는 것에 귀 기울이게 할 수 없습니다.

영향력을 발휘하는 방법을 배우는 가장 좋은 길은, 그 사람에게 일하는 방법을 가르치는 것입니다. 명확한 지시를 내리겠다고 다짐하세요. 그렇지 않으면 배우는 학생들은 그걸 제대로 하지 않을 겁니다. 두목처럼 억압하는 리더로 행세하면 안 됩니다.

겸손할수록 영향력이 더 커집니다. 자신을 헌신하고 희생하면 다른 사람에게 영향을 줄 수 있는 능력이 늘어납니다.

18년 전 크리스틴 왓슨은 놀이공원에서 즐거운 하루를 보내고 차를 몰아 집으로 가고 있었습니다. 그런데 도중에 그녀는 사고 현장을 만났습니다. 신문을 배달하던 작은 소녀가 트럭에 치인 것입니다. 크리스틴은 차를 세우고 그 어린 소녀를 도우러 달려갔습니다. 소녀는 머리와 목을 다쳤습니다. 헬리콥터가 와서 소녀를 신고 갈 때까지 그녀는 마음이 진정되지 않았습니다.

놀란 아이에게 크리스틴이 얼마나 큰 영향을 끼쳤을지 생각해 보세요! 그리고 크리스틴의 영향은 다른 사람에게 자신을 헌신하면서 커지기 시작했습니다.

그녀는 그 경험을 계기로 진로를 바꿔 구조대 소방관이 되었고, 응급 의료 처치 기사 자격을 얻었습니다. 그녀가 다른 사람에게 영향을 끼친 방법은 거기서 멈추지 않았습니다. 특수 올림픽에서 보이스카우트까지, 그녀는 어린이들과 함께 자원 봉사를 했습니다. 그 노력으로 그녀는 2000년 코네티컷 청년 정신상을 받기도 했습니다.

크리스틴의 이야기는 모든 사람이 짧은 시간을 할애해서 세상에 뭔가를 돌려주면 세상은 더 좋은 곳이 될 것임을 보여줍니다.

그렇다면 여러분은 뭘 할 수 있지요? 주위를 둘러보고 도움이 필요한 사람을 찾아보세요. 스쿨버스에서 늘 외롭게 혼자 앉아서 가는 친구는 어떻습니까? 길 건너에 혼자 살면서, 모든 걸 스스로 해결해야 하는 나이 든 할머니는 어때요? 그리고 집 바깥에서만 찾지 마세요. 간단한 방법으로 자신을 희생할 수 있습니다. 동생들이 하는 '시시한' 게임을 같이 해줄 때처럼 말이죠.

여러분이 하는 말과 행동은 긍정적인 방향으로도 부정적인 방향으로도 영향을 끼칩니다. 여러분이 다른 사람들에게 좋은 방법으로 손을 내밀어 접촉하면 할수록 사람들은 더욱 여러분을 따르려 하고 여러분을 닮고 싶어 합니다. 그리고 여러분 역시 그간 놓쳐버렸을지도 모를 훌륭한 친구들을 많이 발견하게 될 겁니다. 접촉을 많이 하면 좋은 일이 많이 생깁니다.

누구 책임이냐고?
바로 너야!

이제 리더십 노트를 점검하며 여러분의 리더십 수준을 알아볼 때가 되었습니다. 여기서 우리는 기억하고 싶은 일들로 노트를 채울 것입니다.

 지위의 노트

리더십 노트에서 이 부분은 책임을 지고 있는 사람을 위한 것입니다. 그것을 우리는 지위의 페이지라고 부릅시다. 이는 맨 밑에서 모든 리더십 자질을 받쳐줍니다. 리더십은 리더, 즉 다른 사람에게 영향을 끼치는 사람에게서 시작됩니다. 팀의 나머지 사람들을 지탱해주는 것이 리더의 일입니다.

예를 들어, 이웃 사람이 여러분과 여동생에게 용돈벌이 기회를 주었다고 합시다. 여름 동안 매주 자기 집의 잔디를 깎고 잡초를 뽑아 치우는 아르바이트입니다. 그 일을 감독하고 모든 것이 제대로 됐는지 확인하는 오빠에게는 돈을 더 준다고 했습니다. 그것은 오빠에게 책임이 있다는 것입니다. 그러니까 여러분은 그 뜰을 가꾸는 일꾼들(여동생 하나뿐이지만)에게는 팀의 리더지요. 여동생은 오빠가 말하는 것을 해야 합니다. 이웃 사람이 그 애에게 오빠가 책임자라고 했으니까요.

밖에 나와 놀고 있는 어떤 친구에게 그 집 마당의 잡초를 뽑으라고 하면 해줄까요? 그럴 리 없죠. 그는 여러분이 이끄는 팀의 구성원이 아니니까요. 반면 여동생은 그 집 마당에 관한 일이라면 오빠가 하라는 대로 받아들일 겁니다.

둘이 부엌에서 접시를 닦고 있는데 여동생에게 해야 할 일을 지시하면 어떤 일이 일어날까 생각해봅시다. 여동생은 금방 이렇게 주의를 줄 겁니다. 지시한 것을 해야 하는 것은 아르바이트 팀으로 일하고 있을 때뿐이라고! 책임을 진다는 것은 특정한 상황에서 특정한 사람에 대해서만 리더라는 뜻입니다.

책임이 있다는 건 대단한 일입니다. 그렇죠? 하지만 여러분이 책임을 지는 사람들은 그걸 어떻게 느낄까요? 그들은 여러분을 굉장한 리더로 볼까요? 이제 정직해집시다. 여러분은 그들을 이끌어주고 있습니까, 아니면 그들의 우두머리 노릇을 하고 있습니까? 우두머리와 좋은 리더는 매우 다릅니다. 그들을 뒤따르는 사람들은 각각 다른 방식으로 그들에게 반응합니다. 아래의 두 유형 중 여러분은 어디에 속하는지 생각해보세요.

두목 행세를 하는 리더

· 사람들에게 해야 할 일을 지시한다.

· 자신의 힘을 믿고 밀어붙인다.

· 다른 사람들이 자신을 무서워하게 만든다.

· 전체보다 자신을 더 생각한다.

· 일이 잘못됐을 때는 다른 사람을 탓한다.

돌보고 배려하는 리더

· 사람들이 꼭 알아야 할 것들을 가르쳐준다.

· 좋은 인간관계를 믿고 일을 한다.

· 사람들이 일을 보고 신이 나게 만든다.

· 자신보다 전체를 먼저 생각한다.

· 문제를 해결할 방법을 찾는다.

여러분은 어떤 종류의 리더가 되고 싶습니까? 여러분은 어떤 방법으로 그걸 이루려는 겁니까? 영향력이 점점 커지면, 여러분은 더 다양한 상황에서 더 많은 사람들을 이끌어갈 수 있을 겁니다. 그러기 위해서는 처음부터 시작해야 합니다. 너무 빨리 앞서 가지 않게, 그리고 책임을 지는 첫 번째 단계를 건너뛰지 않게 조

심하세요. 순서대로 리더십의 사다리를 타고 단계를 밟아나가면 여러분이 할 수 있다고 상상한 것보다 더 많은 것을 배우게 될 것입니다. 한 단계라도 건너뛰면 안 됩니다. 지위의 페이지가 다른 모든 페이지를 지탱해준다는 걸 잊으면 안 됩니다. 중간 단계를 건너뛰면 결코 올라설 수 없을뿐더러 균형이 무너지게 되니까요.

자, 여러분이 배운 것들로 지위의 페이지를 채워 넣으세요. 리더십의 첫 단계―지위를 얻는 단계―는 여러분이 책임을 지는 단계입니다. 리더십을 발휘할 지위에 여러분이 지명되었기 때문이지요. 여러분은 학교나 교회를 위해 기금 모금 이벤트를 책임질 수도 있고, 학생회 일을 맡게 될지도 모릅니다. 이 단계에서는 사람들이 여러분을 따릅니다. 그렇게 해야 하니까요. 여러분은 따르는 사람들에게 계속 영향력을 유지하기 위해 노력해야 합니다.

 허락의 노트

다음으로 허락의 페이지는 지위의 페이지 위에서 균형을 잡아줍니다. 똑바로 균형을 잡기 위해서는 올바른 것들로 노트를 채워야 합니다.

가끔 어떤 사람은 위세를 부리는 우두머리 리더가 되어 더 이상 자라지 못하기도 합니다. 가끔 위세 부리는 우두머리 리더는 난폭한 개구쟁이 골목대장이 됩니다. 개구쟁이 골목대장은 힘이

48

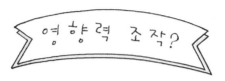

세다는 것 하나로 다른 사람들이 자기를 따르게 할 수는 있습니다. 이런 종류의 리더는 괴롭히기 위해 부리로 쪼는 서열 속의 병아리와도 같습니다. 병아리들은 힘이 센 순서에 따라 강한 병아리가 약한 병아리를 쪼아대며 괴롭히는 습성이 있습니다.

허락의 단계에 있는 리더는 억압하는 힘으로 사람들을 이끌어가지 않습니다. 그는 사람을 좋아하고 사람을 돕는 것으로 사람을 이끌어갑니다. 그는 부리로 쪼는 순서에는 관심이 없습니다. 사람들은 자발적으로 그를 따르게 됩니다. 하지 않으면 안 되기 때문에 그러는 것이 결코 아닙니다.

여러분이 책임을 맡게 되면 사람들은 의무적으로 여러분을 따라야 하기 때문에 여러분이 말하는 것들을 받아들일 것입니다. 하지만 그것으로는 부족합니다. 즐거운 마음으로 따르기 위해 '저 사람이 나를 한 사람의 인간으로 배려해줄 것인가' 하는 점을 생각해봅니다. 이때 긍정적인 대답을 이끌어내는 것이 여러분이 해야 할 일인데, 그것은 강제적으로 또는 속임수로 가능한 일이 아닙니다. 알고 있잖아요? 진짜 리더십은 진정한 마음에서 시작된다는 것을. 머리에서 시작되는 게 아니고 말이죠. 여러분이 뭘 능숙하게 잘한다든지 깔끔하게 옷을 입고 다니기 때문에 따르는 것일 뿐이라면 그리 오래가지 않을 겁니다.

생산의 노트

생산의 페이지는 가장 위에 있는 리더십 자질입니다. 피라미드로 치면 맨 아래에 지위, 그다음에 허락, 마지막으로 맨 위에 생산의 장이 있습니다. 그 높은 데까지 올라가서 균형을 잡고 서 있는 건 힘든 일입니다. 하지만 여러분은 좋은 리더입니다. 그리고 올바른 방법만 깨닫는다면 얼마든지 그렇게 할 수 있습니다.

현재 여러분이 멋있는 리더라고 가정해봅시다. 사람들은 여러분 곁에 있고 싶어 합니다. 여러분은 여러 가지 상황에서 영향력을 발휘하고 있습니다. 그런데 여러분은 점점 그런 상황이 부담스럽고 더 이상 즐겁지도 않습니다. 왜일까요? 왜 여러분이 서 있는 곳에 머무르면서 즐기지 않지요?

정답은 이겁니다. 잠시 뒤에 친구들은 지탱해주는 것이 지겨워지기 시작할 겁니다. 하나씩 하나씩 여러분의 뒤를 따르던 사람들이 떠나갑니다. 그리고 누군가 일을 잘해나가는 다른 사람을 따르게 될 겁니다. 그러니까 지금 무슨 일이 일어난 겁니까? 가만히 앉아서 모두를 떠나게 놔둘 겁니까? 아닙니다. 리더십의 다음 단계를 향해 움직여야죠. 여러분은 일을 만들어나가야 합니다.

여러분이 남을 배려하는 스타일의 리더라면, 뒤따르는 아이들은 이미 여러분을 좋아하고, 믿고, 여러분이 하라고 하는 걸 즐거

운 마음으로 하려고 합니다. 생각해보세요, 여러분이 갖기를 원하는 영향력이 어떤 종류의 것인지 신중하게 생각해야 한다고 앞에서 말했잖아요? 이게 생산의 리더십 단계에서는 특히 중요합니다. 이제 여러분은 자신의 영향력을 발휘하기 시작했으니까요. 여러분은 그걸로 좋은 일들을 할 수 있고 세상을 더 나은 곳으로 만들 수 있지만, 그렇지 못하면 사람들을 잘못된 길로 이끌 수 있고 사회에 문제를 더해줄 수 있습니다. 여러분이 어떤 길을 선택해야 할지는 이미 알고 있을 것입니다.

여러분이 과학 동아리에 들어갔는데 거기서 회장에 뽑혔다고 합시다. 해마다 그 동아리에서는 여행을 가기 위한 돈을 모으려고 자동차 세차 아르바이트를 합니다. 지금까지 회원들은 세차를 하고 싶지 않았습니다. 리더가 골목대장처럼 굴며 자기들 감정을 상하게 했기 때문입니다. 하지만 금년에는 회원들이 빠짐없이 모두 나타났습니다. 그들은 여러분이 일을 재미있게 할 수 있게 이끌어준다는 걸 알기 때문입니다. 여러분이 이끌고 가면 모두들 호흡이 잘 맞는 것처럼 보입니다. 여러분은 멋있는 리더잖아요!

세제가 다 떨어지면 친구들은 여러분한테 옵니다. 어떻게 해야 할지 여러분이 알고 있을 테니까요. 여러분은 일을 마무리해내는 방법을 알고 있으니까, 금년에는 세차 아르바이트를 통해 이전 어느 때보다 더 많은 자금을 만들게 됩니다. (이건 재미로 만들어본 이야기입니다! 이런 이야기를 들으니 기분이 좋아지지 않나요?)

다른 사람에게 영향을 미치는 방법을 배우면서 여러분이 노트에 써 넣은 모든 어려운 일은, 일이 아주 잘되었을 때 대가를 받게 되는 일들입니다. 모두가 우승자이고 모두 기분이 좋지요.

그러니까 생산의 페이지에 우리는 뭘 써 넣어야 할까요? 신중하게 채워야 합니다. 허락의 페이지와 지위의 페이지 위에서 아슬아슬하게 균형을 잡고 있으니까요. 만약 여러분이 여기서 주의를 기울이지 않으면 그것들은 모두 무너질지도 모릅니다. 다시 시작하기는 싫죠?

일을 생산하는 단계에서 여러분은 잘해내고 있습니다. 단순히 지위를 차지하고 있거나 이름만 가지고 있는 리더 이상으로 잘해내고 있습니다. 여러분은 혼자가 아닙니다. 뒤따르는 사람들이 있습니다. 여러분의 노트를 올곧은 일로만 가득 채우고 균형을 잘 잡으면, 사람들은 여러분의 영향력을 느끼고 자연스럽게 따르게 됩니다. 여러분이 이뤄놓은 것을 보세요! 여러분은 자신의 팀을 하나로 만든 것입니다. 따르는 아이들은 여러분을 좋아하고, 여러분이 하고 있는 일을 좋아합니다. 그리고 무리 전체가 함께 대단한 목표, 큰 목표를 향해 나아갈 겁니다. 가야 할 길이 있습니다!

영향력도 연습하면
더 강해진다

바이올린 연습을 하지 않고 훌륭한 바이올리니스트가 될 수 있을까요? 될 수 없습니다. 미식축구 팀 연습에 늘 지각하면서 가장 좋아하는 프로 팀의 선발 쿼터백 자리를 차지할 수 있을까요? 아마 안 될걸요. 훌륭한 영향력을 발휘하는 연습을 하지 않고 훌륭한 리더가 될 수 있을까요? 절대 안 됩니다!

우리는 누구나 영향력을 가지고 있다는 걸 잊지 마세요. 그리고 다른 사람에게 긍정적인 방향으로 영향을 주는 것은 자신에게 달려 있다는 걸 잊지 마세요.

좋은 영향력을 갖추기 위해 연습과 훈련 방법을 생각해봅시다. 여러분을 따르는 아이들 모두가 인라인 스케이트를 탈 때 헬멧을 쓰지 않기로 했다고 합시다. 그런데 동네 꼬마들이 그 모습을 보고 그대로 따라하기 시작했습니다. 그 아이들(그리고 여러분과 친구들)은 심한 부상을 입을 수도 있습니다. 어떻게 이 상황을 바꿀 수 있을까요? 그런 행동의 위험성을 효과적으로 전달하고 모두 헬멧을 착용하게 하기 위해 여러분은 다양한 방법을 생각해낼 수 있습니다. 그리고 하나씩 시도하는 경험을 통해 상황에 맞는 설득 방법이 무엇인지도 터득할 것입니다.

여러분이 학교에서 리더로 존경하는 사람의 이름을 셋만 들어보세요. 이번 2장에서 배운 것을 기준으로 보면, 그렇게 많은 사람이 그들을 따르는 이유가 뭐라고 생각하세요? 그들에게서 뭘 배울 수 있지요?

이번 주에 시간을 정하세요. 자전거 체인 끼우는 법, 빠른 직구 던지는 법, 혹은 새로 나온 컴퓨터 게임 하는 법처럼 여러분이 알고 있는 것을 다른 아이들에게 가르쳐주기 위해 시간을 내세요. 자신의 생각을 명확하게 표현하는 걸 배우게 될 뿐만 아니라, 상대방에게 자신이 중요한 사람이라는 느낌이 들게 만들 수도 있을 겁니다.

자, 이제 자신을 바라보세요. 여러분은 날마다 점점 더 나은 리더가 되고 있습니다. 일을 만들어나가는 책임감 있는 사람이 되기 위해서 리더십에 관해 아무것도 모르거나 거의 모르는 상태를 점점 벗어나고 있습니다. 여러분은 영향력이 있습니다. 그리고 그게 여러분을 멋있게 만듭니다.

사악한
병아리

병아리가 무리지어 있는 곳에는 언제나 왕초가 하나 있습니다. 지구에서 살고 있는 병아리 중에서 가장 심술궂은 놈을 머릿속에 떠올려봅시다. 그리고 이놈을 '사악한 병아리'로 부르기로 하겠습니다. 이 병아리는 닭장 안에서 다른 모든 병아리를 못살게 구는 놈입니다. 그래서 그놈이 오는 걸 보면 다른 병아리들은 모두 달아나버리죠. 병아리들이 날 수 없다는 건 너무 불행한 일입니다. 날 수만 있었다면 모두 멀리 날아가버렸을 테니까요. 사악한 병아리의 집단에는 규칙이 있습니다. 그 병아리는 다른 병아리들을 부리로 쫄 수 있지만, 다른 병아리들은 아무도 그 병아리를 쪼지 못한다는 거예요. 사악한 병아리는 골목대장 스타일이죠. 즉 위세 부리는 리더입니다.

무리 중의 다른 병아리들은 괴롭힘 당하는 횟수를 줄여보려고 사악한 병아리의 뒤쪽에 서 있게 됩니다. 서열 2위인 부두목은 사약한 병아리를 빼놓고는 다른 병아리들을 다 쫄 수 있습니다. 이렇게 서열에 따라 내려가다 보면, 모든 병아리가 쪼아댈 수 있는 불쌍한 작은 병아리 한 마리가 남습니다.

닭 농장을 방문하면 이런 '쪼아대는 순서의 원칙'을 확인할 수 있습니다. 닭들이 실제로 그렇게 행동하고 있는 거예요. 그것을 자신에게 적용해보세요. 여러분이 이런 방법을 사용해서 다른 사람들을 이끌어간다면 얼마 안 되어 '헬멧을 써야겠다'는 결론을 내리게 해주는, 여러분보다 더 큰 사악한 닭을 만나게 될 것입니다.

여러분이 사악한 닭을 만나게 되면 어떻게 될까요? 그 앞에 당당하게 설까요, 아니면 멀리 달아날까요? 닭들은 리더십을 가릴 만큼 영리하지 못합니다. 그러나 여러분은 영리합니다! 그러니 사악한 닭과 정면 대결하겠다고 결심하는 것이 좋습니다. (그렇게 하지 않겠다는 것과 비교하면 어느 쪽이 더 나쁜 아이디어일까요? 그 문제에 관해서는, 정면으로 맞부딪치는 방법에 대한 아이디어를 얻을 수 있는 10장이 도움이 될 겁니다.) 그러는 동안 여러분은 위세 부리는 골목대장 리더가 되지 않는 데 집중할 수 있습니다. 여러분을 뒤따르는 사람들은 여러분의 뒤에서 걸어가기를 원하지, 부리를 크게 벌리고 달리는 걸 원하지 않습니다.

"

정직·고결·성실,
속모습을 가꾸어라

"

"정직 · 고결 · 성실은 우리 삶의 방식을 지탱해주는 아교다."
빌리 그레이엄(기독교 지도자)

"나는 언제나 내가 할 수 없는 것들을 하고 있다. 그걸 어떻게 하는지 배우기 위해."
파블로 피카소

작은 일부터 바로잡자

　같은 반 친구들과 학교가 끝나 집으로 가고 있다고 합시다. 친구들 모두 어떤 콘서트에 가고 싶다는 이야기를 하는 중입니다. 하지만 티켓이 굉장히 비싼데 돈이 넉넉한 사람은 아무도 없습니다. 친구들은 즉시 아이디어를 모으는 브레인스토밍을 시작했습니다. 어떻게 하면 단시간 내에 돈을 구할 수 있을까요? 각각 한 장씩 티켓을 사려면 아기 보는 아르바이트가 몇 개는 필요할 겁니다.

　그런데 그 돈을 찾아냈습니다. 길거리에서 말입니다. 두툼한 흰 봉투 하나를 주운 거죠. 열어봤더니 3백 달러가 있었습니다! 봉투에는 이름이 적혀 있지 않았어요. 받을 사람이 누군지 알 수 있는 표시가 전혀 없었죠.

　"기적이다!"

친구들이 소리를 질렀어요.

"우리 모두 티켓을 사고도 남아. CD도 몇 장 살 만큼 충분해."

친구들은 모두 여러분을 바라보고 있습니다. 여러분이 무슨 말을 할지 기다리는 거죠. '이건 내 것이 아니야'라고 여러분은 생각합니다. 하지만 지금 문제는 여러분의 손 안에 있습니다. 여러분은 그걸 해결해야 합니다. 여러분이 어떤 리더일지 생각해봅시다. 여러분은 일을 만들어나가고 그걸 훌륭하게 해냈고 그것이 여러분을 훌륭한 리더로 만들었습니다. 그래서 친구들 모두가 지금 여러분을 바라보는 것이지요. 여러분은 사람들에게 어떻게 영향을 끼쳐야 할지 알고 있습니다. 그렇다면 여러분은 어떻게 할 겁니까? 여러분의 대답은 뭐죠?

봉투의 주인을 찾아 돈을 돌려주기로 결정했다면 여러분은 리더십의 다음 단계인 정직·고결·성실의 단계를 이미 졸업한 것입니다.

정직·고결·성실은 리더십의 가장 중요한 요소입니다. 정직·고결·성실은 그 내용이 무엇이든 상관없이 여러분이 믿는 가치와 도덕을 지지한다는 뜻입니다. 자기 것이 아닌 물건을 갖는 것은 옳지 않다고 친구들에게 설명할 수 있습니다. 친구들에게 그 3백 달러가 누군가의 생명을 구할지도 모른다고 말할 수 있습니다. 그렇게 하는 것이 정직·고결·성실을 실천하는 길입니다.

나는 신을 믿기 시작하면서 인생이 극적으로 달라졌습니다. 실제로 그때 나는 몇 가지 일을 바로잡아야 한다는 걸 깨달았습니다. 먼저 갤리어 약국의 갤리어 씨에게 가서 스포츠 잡지를 훔쳤다고 고백해야 했습니다. 나는 너무 난처했습니다. 힘겹게 고백하고 잡지 값을 치르고 나서 그의 반응을 기다렸습니다. 다행히 그는 점잖은 사람이어서 나를 용서해주었습니다.

다음에 들러야 할 곳은 그리 멀지 않은 식료품 가게였습니다. 어릴 때 그 가게에서 주스를 훔쳤었거든요. 나는 값을 지불하겠다고 말하고 사과했습니다. 그 가게 주인 역시 나에게 매우 점잖고 친절하게 대했습니다. 나는 하면 할수록 점점 쉬워진다는 걸 알았습니다.

마지막으로 할 일은 고등학교의 운동 코치를 만나는 일이었습니다. 나는 연습용 운동복 몇 벌, 공 하나, 수건을 돌려주었습니다. 그 팀에서 운동할 때 마지막 2년 동안에 훔친 것들이었습니다. 이런 물건을 갖고 있다는 것이 내내 찜찜했었죠. 기억나는 일들을 모두 바로잡은 뒤, 나는 내가 사람 노릇을 하고 살아가면서 깨끗한 양심을 유지하려면 모든 걸 바로잡고 앞으로도 계속 바르게 유지해야 한다는 것을 깨달았습니다. (그런데 내가 만난 그 점잖은 분들은 모두 저 때문에 자신들이 기분이 좋았다고 말해주었습니다!)

이렇게 과거의 잘못을 바로잡는 데서 시작한 다음에는 그 속모습을 계속 유지할 길을 찾아야 합니다. 브랜든 키프의 이야기가

그 좋은 예입니다.

브랜든 키프는 낡은 청바지와 티셔츠 차림에 맨발로 다니는 전형적인 캘리포니아 틴에이저다. 하지만 브랜든에게는 특별한 면이 있다. 몇 년 전 그는 어느 캘리포니아 어린이집에서 도서실을 꾸미기 위해 책이 필요하다는 걸 알았다. 그러나 필요한 책을 모두 살 만한 돈이 충분하지 않았다. 브랜든은 그 일을 해결할 아이디어가 떠올랐다. 바로 '북 드라이브'라는 이름의 헌책 모으기 운동이었다. 다음 날 그는 학교에 가서 자기 반 아이들에게 그 생각을 알렸다. 브랜든의 아이디어는 거기서 멈추지 않았다. 그는 전단을 만들어 나누어주었고, 다른 반 친구들에게 이야기하고, 학교 전체가 '북 드라이브'에 참여하게 해서 그 어린이집을 위해 8백 권이 넘는 책을 모았다. 몇 년이 지나도록 브랜든은 그 일을 그만두지 않았다. 결국 그는 거의 만 권의 책을 모아 여러 어린이집에 기증했다.

브랜든은 리더일까요? 맞습니다! 그는 대단한 일을 하자고 이야기한 게 아닙니다. 그는 직접 할 수 있는 일부터 시작해서 대단한 일을 보여준 것이지요! 그게 정직·고결·성실입니다. 정직·고결·성실한 사람은 밖으로 보이는 겉모습과 안에 있는 속모습이 같습니다. 그는 자신에 대해 말한 것과 자신의 모습이 다르지 않은 사람입니다. 그리고 그는 그가 하겠다고 말한 것을 하는 사람입니다.

🧭 세상을 떠맡은 편지

서맨더 스미스는 정직·고결·성실한 또 한 명의 젊은이였습니다. 그녀는 자신의 속모습을 전 세계에 알렸습니다.

서맨더는 세계 평화를 염려하는 사람이었습니다. 그러나 가족이나 친구들과 그걸 얘기만 하고 있지는 않았습니다. 그 대신 그녀는 세계 평화를 위해 뭔가를 했습니다. 1983년, 서맨더가 열 살이었을 때입니다. 그녀는 평화를 유지하기 위해 계획하는 일이 있는지 묻는 편지를 당시 소련 지도자인 유리 안드로포프 서기장에게 보냈습니다. 편지의 내용은 다음과 같습니다.

안드로포프 씨에게

제 이름은 서맨더 스미스입니다. 나이는 열 살이고요.
새로운 일을 하시게 된 것 축하드립니다. 저는 러시아와 미합중국이 핵전쟁을 하게 되지 않을까 걱정입니다. 당신은 전쟁을 하는 데 찬성표를 던지실 겁니까, 반대쪽에 표를 던지실 겁니까?
이 질문에 반드시 대답하지 않으셔도 됩니다. 그러나 저는 왜

당신이 세계를 정복하거나 우리나라만이라도 정복하고 싶어
하는지 이유를 알고 싶습니다. 하느님은 우리가 평화롭게 서
로 싸우지 말고 함께 살라고 세상을 주셨습니다.

안녕히 계세요.

서맨더 스미스

서맨더는 답장을 받았습니다. 그 일부분을 소개합니다.

서맨더에게

……너는 우리 두 나라 사이에 핵전쟁이 일어날지도 모른다
고 걱정을 하고 있구나. 그리고 전쟁이 일어나지 않게 하기
위해 내가 뭘 하는지 물었지…….

나는 너에게 진지하고 정직하게 답하겠다.

그래, 서맨더, 소련에 있는 우리는 세상에 전쟁이 일어나지
않게 할 수 있는 일이라면 뭐든지 하려고 노력하고 있다…….
소련 국민들은 전쟁이 얼마나 무서운지 잘 알고 있다.

42년 전, 전 세계를 지배하기 위해 싸운 나치 독일이 우리나
라를 공격해서 수천 개의 도시와 마을이 불타고 파괴되었으
며, 수백만의 소련 남자와 여자와 아이 들이 죽었다. 우리의
승리로 끝난 그 전쟁에서 우리는 미국과 동맹을 맺었다. 우리
는 함께 자유를 위해 싸웠다……. 그리고 오늘날 우리는 평

화 속에 살기를 간절히 바라고 있다…….

미국에나 우리나라에나 순식간에 수백만의 사람을 죽일 수 있는 핵무기가 있다. 그러나 우리는 그 무기를 절대로 사용하고 싶지 않다. 소련은 엄숙하게 전 세계 곳곳에, 어떤 나라에 대해서도 먼저 핵무기를 사용할 생각이 절대로 절대로 없다고 선언했다…….

……너의 두 번째 질문에 대한 대답이다.

'왜 당신이 세계를 정복하거나 우리나라만이라도 정복하고 싶어 하는지 이유를 알고 싶습니다'라고 했지. 우리는 그런 건 전혀 원하지 않는다. 우리나라에서는 누구도…… 큰 전쟁도 '작은' 전쟁도 원하는 사람이 없다.

우리는 평화를 원한다. 우리는 우리 자신과 지구상의 모든 사람을 위해서 평화를 원한다. 우리 아이들을 위해서, 그리고 너, 서맨더를 위해서…….

편지를 보내줘서 고맙다. 최선을 다하는 젊은 시절을 보내기 바란다.

Y. 안드로포프 ★

안드로포프는 또한 서맨더가 모스크바에 있는 자신을 방문하도록 초청하기도 했습니다. 그녀는 그것을 받아들여 2주 동안 소련을 여행했습니다. 서맨더 이야기는 많은 관심을 끌었습니다.

곧 미국의 거의 모든 사람이 그녀의 편지를 알게 되었습니다.

슬프게도 서맨더 스미스는 1985년 비행기 사고로 죽었습니다. 짧은 생이었지만 모두를 감동시킨 젊은이였지요. 서맨더는 자신이 중요하다고 생각한 일을 행동으로 옮겼습니다. 그녀는 세계에서 가장 중요한 리더 중의 하나에게 영향을 줄 수 있다고 생각할 만큼 용기가 있었습니다. 그리고 그녀는 해냈습니다.

어떤 일을 해내기 위해 세계를 끝까지 가로질러 갈 필요는 없습니다. 날마다 젊은이들이 집에서, 동네에서, 그리고 자기가 살고 있는 도시에서 남다른 일을 하기 위한 방법을 찾고 있습니다. 여러분은 뭘 도울 수 있을까요?

68

아이들은
네 행동을 다 보고 있어

　정직·고결·성실은 우리가 뭘 할까, 또는 다른 사람이 어떻게 반응할까를 결정합니다. 사람들은 여러분이 자신의 안쪽을 바깥으로 드러내 보여주지 않았다는 것을, 속모습 그대로 행동하지 않는다는 것을 알 것입니다. 여러분의 행동이 말보다 더 큰 소리로 말할 것이기 때문입니다. 이걸 생각해보세요. 여러분이 이끌어가고 있는 사람들이 여러분이 하는 일을 여러분보다 더 하고 싶어서 하는 것일까요? 아니면 그저 여러분이 말하니까 하는 것일까요?

　큰 폭풍이 지나간 다음 집 근처에 있는 공원 안으로 쓰레기들이 날아 들어왔는데, 그것들을 모두 깨끗하게 치워버릴 수 있는 대단한 아이디어가 여러분한테 있다고 합시다. 여러분은 친구들을 모아 각각 뭘 해야 할지 얘기해주고, 토요일 아침 일찍 공원에

서 만나자고 약속합니다. 모두 나왔는데 여러분 한 사람만 안 보입니다. 대신 여러분은 동생이 야구 시합을 하는 걸 보러 가기로 결정했습니다. 여러분의 행동이 여러분의 말보다 더 큰 소리로 말하고 있습니다. 여러분은 공원을 청소하는 일에 그렇게 많이 신경 쓰지 않았고 진정으로 남을 배려하지 않았습니다. 친구들이 어떻게 반응할 거라고 생각하세요? 다음에 여러분이 뭔가를 제안하면 그들이 여러분을 따를까요?

여러분이 치어리더 팀의 리더인데, 경기하는 팀의 실력이 별 볼일 없어서 열정이 생기지 않는다면 어떻겠어요? 응원하러 운동장으로 나갔을 때 무슨 일이 벌어질까요? 치어리더 팀 전체의 열정이 말라버릴 겁니다. 바로 리더인 여러분의 태도 때문입니다. 그들이 보는 것은 여러분이 취하는 행동입니다. 원하는 반응을 얻으려면 여러분이 모범이 되어야 합니다.

이제 하고 싶은 일과 해야 할 일 사이에서 결정을 내리는 것이 얼마나 어려운 일인지 깨달았습니까? 얼마나 '고상한' 사람이냐 아니냐, 또는 나이가 어리냐 많으냐에 상관없이, 사람이란 누구도 옳은 것과 그른 것 사이에서 결정 내리는 걸 피할 수 없습니다. 정직·고결·성실은 우리가 누구인지를 결정하고, 갈등이 일어나기 전에 우리가 어떻게 반응할지를 결정합니다.

생각해보세요. 1999년, 두 명의 고등학생이 학교에서 수많은 친구를 총으로 쏴 죽인 콜롬바인 고등학교 총기 난사 사건을. 이

사건이 일어나지 않았다면 콜롬바인 고등학교에서 그와는 엄청나게 다른 일이 일어나고 있었을 것입니다. 그 나이 어린 총잡이들이 총을 쏘기 전에, 혹은 학교에 총을 가져오기 전에라도 옳고 그른 것을 생각해보았다면 어떻게 되었을까요?

레이철 스콧은 그날 콜롬바인에 있었던 학생입니다. 그 총잡이들이 다가올 때, 그녀는 식당 바깥에 있었습니다. 레이철은 믿음이 깊은 기독교인이었습니다. 그런데 뉴스 리포터가 나중에 밝힌 사실에 따르면 그 아이들은 기독교인 학생 몇 명을 죽이려고 했습니다. 그 아이들은 기독교를 믿는 아이들을 좋아하지 않았습니다. 그들이 레이철을 쏘기 전에, 총을 든 아이들 중 하나가 그녀에게 물었습니다. 정말로 하느님을 믿느냐고. 레이철은 대답했습니다.

"응."

한순간이 지나고, 그녀는 숨을 거두었습니다.

레이철은 평생 가장 힘든 갈등과 마주쳤습니다. 어느 길로 가야 하지? 내 믿음을 부인해야 하나? 총에 맞지 않기를 바라면서? 아니면 믿음을 지키면서 죽을지도 모르는 가능성과 마주서야 하나? 레이철은 자신이 옳다고 믿는 것을 행동으로 옮겼습니다. 그녀가 겉으로 보여준 것과 그녀 안에 있는 것이 같았습니다.

레이철은 리더였습니다. 그녀가 정직·고결·성실했기 때문만이 아니라, 다른 젊은이들에게 영향을 주었기 때문입니다. 브루

스 포터 목사는 레이철 스콧의 장례식에 참석해서 이렇게 말했습니다. "그리스도 안에 있는 하느님의 사랑의 햇불"이 레이철의 손에서 떨어졌다고. 그는 물었습니다.

"이 햇불을 들어 올릴 사람은 누구입니까?"

수백 명의 아이들이 벌떡 일어나서 팔을 치켜들었습니다.

여러분은 어떻습니까? 여러분이 레이철 스콧이었다면 여러분은 어땠을까요?

여러분이 정직·고결·성실하다면 일관된 행동을 했을 겁니다. 그리고 여러분의 믿음은 여러분이 행동하는 방식에 따라 그대로 겉으로 드러났을 것입니다. 겉으로 보이는 여러분과 진짜 여러분의 모습 사이에 차이가 없었을 것입니다. 그 상황이 아무리 힘든 것이었다고 해도.

 믿음의 노트

리더십 노트를 들여다봅시다. 이번에 채울 페이지는 '믿음'입니다. 다음과 같은 요소들로 채워져야 하지요.

믿음의 페이지

· 나에게 필요한 것보다 다른 사람에게 필요한 것을 먼저 생각한다.

· 나는 겉과 속이 똑같다.

· 나는 정직하다.

그럼 이제 시험을 하나 볼까요? 진정하세요! 어려운 시험이 아닙니다. 그저 아래에 나오는 세 가지 질문에 '예' 또는 '아니요'로 대답하면 됩니다. 준비됐습니까? 자, '믿음'에 대한 시험입니다. 자신에게 하는 대답입니다.

· 누구와 같이 있든 나는 늘 한결같은 모습인가?

    예 ☐   아니요 ☐

· 어떤 결정을 내릴 때, 나에게 가장 좋은 결정을 포기하고 다른 사람에게 가장 좋은 쪽으로 결정을 내리는가?

    예 ☐   아니요 ☐

· 내가 한 일이 잘되었을 때는 다른 사람의 노력과 헌신이 있었다는 것을 그들에게 즉시 인정하는가?

    예 ☐   아니요 ☐

세 질문에 모두 '예'라고 대답했다면 여러분은 믿을 만한 리더입니다. '아니요'라고 대답했다면 돌아서서 뒤를 보기 바랍니다. 아마 따르는 사람을 하나도 볼 수 없을 겁니다. 권위 있는 리더는 뒤따르는 사람들의 믿음을 얻어야 합니다.

우리는 겉과 속이 다른 사람들을 알고 있습니다. 학교 친구들

을 생각해보세요. 여러분의 반에도 그런 친구가 분명히 있습니다. 이렇다고 생각했는데 결국 저렇다고 밝혀진 스포츠 스타들, 가수들, 유명인들이 있을 겁니다. 이런 사람들은 겉으로는 믿음직해 보입니다. 그러나 속으로는 자기 잇속만 챙기거나 바르지 못한 마음을 갖고 있습니다. 그리고 언젠가는 진짜 색깔이 드러나게 됩니다.

거울 속의 나, 너 진짜야?

어떤 물건이 말로 설명한 것과 실제의 모습이 일치할 때, 우리는 그것을 진짜라고 부릅니다. 믿음을 얻기 위해서 리더는 누구보다도 자신의 내면에 진실해야 합니다. 믿을 만한 리더는 진짜여야 합니다.

여러분이 진짜일수록 사람들은 여러분에게 신뢰감을 갖습니다. 그 신뢰감 때문에 그들은 자기 삶에 영향을 미칠 특권을 여러분에게 허용한 것입니다. 여러분이 덜 진짜일수록 사람들은 여러분에게 신뢰감을 덜 갖게 되고, 더욱 빨리 여러분은 영향력 있는 자리를 잃게 됩니다.

자신이 진정으로 어떤 사람인가 일 분만 생각해봅시다. 여러분은 어떤 가치관과 믿음을 가지고 있습니까? 집에서, 학교에서, 교회에서, 그리고 살고 있는 동네에서 사람들을 도와주기 위해

그것을 어떻게 사용할 수 있습니까?

십대 청소년인 오빈 번사이드는 자기 내면을 들여다보
았다. 그러다가 입양 가정의 아이들을 무척 걱정하는 녀석을
하나 발견했다. 아이들이 한 가정에서 다른 가정으로 옮아갈
때 그 아이들이 쓰던 물건들은 늘 비닐로 된 쓰레기 봉지에
담겨 이곳에서 저곳으로 떠돌았다. 오빈은 그에 대해 뭔가를
했다. 입양되어 보호되는 아이들에게 주기 위해 곱게 사용한
여행 가방을 모으기 시작한 것이다. 시간이 지나자 오빈의 아
이디어는 점점 커졌다. 얼마 되지 않아 그녀는 '아이들을 위
한 여행 가방'이라는 프로그램의 리더가 되었다. 다른 청소년
들은 오빈이 입양아들에 대해 얼마나 진심으로 마음을 쓰는
지 보고 영향을 받아 그 활동에 동참했다. 그때까지 수천 개
의 여행 가방이 전국 곳곳 19개 이상의 주에서 입양 아동들을
위해 모아졌다. ✦

오빈이 보여준 행동은 자신의 속모습을 깨달았을 때 그것을 따
라잡기 위해 어떻게 행동해야 하는지를 보여줍니다. 속모습은 정
직하며 고결합니다. 좋은 리더가 되려면 일단 자신의 내면에 당
당한 겉모습이 되기 위해 자신을 이끌어야 합니다. 누구도 자신
의 수준 이상으로는 다른 사람을 이끌어갈 수 없기 때문입니다.

예를 들어볼까요? 여러분이 이끄는 수영 팀이 방금 주 대항 경기에서 우승했다고 가정해봅시다. 수영부원들은 너무도 기뻐서 수영 코치를 붙잡아 풀로 끌고 갔습니다. 우승을 축하하는 관습대로 물에 빠뜨리기 위해서입니다. 그런데 갑자기 코치가 소리를 지릅니다.

"안 돼! 안 돼! 내려줘. 난 수영 못 한다고!"

이 말을 듣고 모두 얼마나 놀랄지 상상이 되지요? 수영부 코치가 수영을 못 하다니요. 게다가 코치는 그동안 자기가 수영을 잘하는 척했습니다. 시합에서는 이겼을지 몰라도, 코치가 여러분을 속여왔다는 것을 알아버렸으니 이제 여러분이 코치를 전처럼 믿고 따르기는 힘들 것입니다.

우리는 종종 결과에 신경을 쓴 나머지 지름길로 가려고 애씁니다. 정직·고결·성실이 필요한 일이라면 지름길 같은 건 없습니다. 진실은 결국 밝혀지게 되어 있습니다.

거울을 들여다보세요. 충분한 시간을 들여서 오랫동안 자신의 얼굴을 바라보세요. 겉으로 드러난 여러분의 얼굴을 봤습니까? 믿을 만하고 정직한 사람을 봤습니까? 여러분을 따르는 사람들의 눈빛을 봤습니까? 아이들이 몇 명뿐이었습니까, 아주 많이 모여 있었습니까?

정직·고결·성실의 기초 위에 여러분의 삶을 세우기 위해, 그리고 리더로서 여러분이 어떻게 행동할지 평가하기 위해 에드거

77

게스트가 쓴 〈나는 나 자신에게 진실한가〉라는 시에서 따온 다음 구절을 활용해도 좋습니다.

나는 나 자신과 살아야 해.
그래서 내가 아는 나 자신에게 맞는 사람이 되고 싶어.
시간이 갈수록 나는 늘 나 자신을 똑바로 들여다보는 사람이 되고 싶어.
저물어가는 태양과 함께 서 있고 싶지 않아.
이미 지나버린 일 때문에 나 자신을 미워하고 싶지 않아.
벽장의 선반 위에 나에 관한 비밀들을 많이 간직해두고 싶지 않아.
오락가락하면서, 내가 정말 어떤 인간인지 누구도 모를 거라 생각하고
나 자신을 속이고 싶지 않아.

신념이란 여러분이 꾸준하게 행동해온 기준이 되는 믿음이나 원칙 같은 것입니다. 그것을 위해서는 스스럼없이 죽을 수도 있는 것입니다. 무서운 생각이지요? 뭔가를 확실하게 믿기 때문에 그걸 위해 죽을 수도 있다고 믿는 것. "응, 난 하느님을 믿어"라고 대답했을 때 레이철 스콧이 말한 것이 바로 신념입니다. 그리고 예수가 십자가에서 돌아가셨을 때 그가 보여준 것이 바로 믿

음을 위해 죽을 수도 있다는 신념입니다.

십대 청소년들에게 다음에 나오는 목록을 보여주고, 그 중요도를 판단해 순서대로 나열해보라는 설문 조사를 실시한 적 있습니다. 자신이 가장 중요하게 생각하는 것부터 별로 중요하게 여기지 않는 것까지 말이에요. 다음은 그 결과에 따라 가장 우선순위가 높은 순서대로 나열한 것입니다.

> · 정직하다는 평가.
>
> · 일을 열심히 한다는 평가.
>
> · 착한 학생이라는 평가.
>
> · 친구가 많다는 평가.
>
> · 운동을 잘한다는 평가.
>
> · 부자 부모를 뒀다는 평가.
>
> · 이성교제 유무.

이 목록을 보며 잠시 생각해봅시다. 여러분 인생에서 가치 있는 일이 어떤 것인지. 여러분의 신념은 무엇이지요? 십대들의 설문 조사가 얘기해주는 것과 여러분의 것을 비교해보십시오. 여러분은 자신이 리더로 자라가는 것을 느낄 수 있습니까? 여러분의 가치와 믿음에 대해 전보다 더 자주 생각합니까? 여러분의 속모습과 겉모습이 같아지게 하려고 노력하고 있습니까? 그렇

80

다면 여러분은 리더십 사다리의 다음 단계로 무사히 올라간 겁니다. 여러분은 자신이 다른 사람들을 이끌어갈 수 있다는 것을 알고 있고, 다른 사람들에게 영향을 미치고 있고, 일을 어떻게 해나가야 할지 알고 있습니다. 그리고 이제 여러분은 정직 · 고결 · 성실합니다! 그 대가로 여러분은 완전히 멋있는 사람이 되었습니다.

서바이벌 게임

〈서바이벌〉이라는 텔레비전 쇼가 있었습니다. 열여섯 명의 실제 인물들이 사막이나 오스트레일리아의 오지 같은 외딴 황무지에서 몇 주 동안 같이 생활을 시작합니다. 그들은 자신들의 '부족'을 만듭니다. 서로 힘을 모아 오두막을 만들고, 먹을 것을 모으거나 잡아 오며 상을 받기 위한 경쟁에 참가하지요.

경쟁! 이것이 정직 · 고결 · 성실이 드러나는 기회가 됩니다. 매주 부족은 모여서 투표를 하는데, 한 명을 추방하기 위해서입니다. 마지막 한 사람이 남으면 게임이 끝나고 그가 우승자가 됩니다. 승리자는 거액의 상금을 받아 집으로 가는 것이지요.

여러분이 그 쇼를 보았다면, 게임 참가자들이 동료의 믿음을 얻기 위해 무슨 짓이든 하려는 것처럼 보였을 것입니다. 그러나 믿음을 얻는 방법까지 믿음직스럽지는 않았습니다! 그 방법 때문에 그들은 제거되지는 않고 살아남을 것처럼 보입니다. 그러나 막상 투표할 때가 되면 진정한 믿음은 없어집니다. 투표는 철저하게 비밀리에 치러집니다. 그래서 누구를 믿어야 할지 알 수 없지요. 규칙은 없습니다. 어떤 이유로든 누구든 투표로 추방할 수 있습니다. 여러분은 이미 정직·고결·성실이라는 품성에 대해 많은 것을 알고 있기 때문에, 이 게임에는 그런 것이 전혀 없음을 알 수 있을 것입니다. 모두 마음속으로는 자기 이익만 챙기는 것이죠.

〈서바이벌〉의 참가자 라마너 그레이는 자기를 추방하려고 자기에게 투표한 사람이 누군지를 알고 매우 놀랐습니다. 외딴 섬의 표류자로 그 게임에 참가했을 때, 그녀는 또 다른 참가자 제너 루이스와 아주 친한 친구가 되었습니다. 그래서 추방자로 서로를 뽑지 않기로 했죠. 그러나 그녀가 잘못 짚은 것입니다. 라마너의 추방에 결정적인 표를 던진 것은 제너였습니다.

물론 그들은 게임을 했을 뿐입니다. 그리고 제너도 이기기 위해서 라마너를 속인 것입니다. (그것도 모두 서바이벌 게임의 일부분이죠.) 이것이 실제 상황이라면, 게임이 아니라면, 제너는 그 믿음의 시험에서 낙제를 한 것입니다. 실제 삶에서 진정한 친구들은 믿을 만합니다. 그들은 겉과 속이 똑같습니다. 물론 그런 친구들을 얻기 위해서는 맨 먼저 나 자신이 그런 사람이 되어야 하겠지요.

CHAPTER

4

> "
> # 변화가 없으면
> # 발전도 없다!
> "

"싫은 게 있으면 그걸 바꿔라. 바꿀 수 없다면 너의 생각을 바꿔라."
메리 엔젤브라이트(일러스트레이터, 사업가)

"모든 것은 새로운 것으로, 낯선 것으로 변해가지 않으면 안 된다."
헨리 워즈워드 롱펠로(시인)

변화를 두려워하지 않는 용기

변화하지 않는 세상을 상상해볼까요? 우리는 전화도 CD도 슈퍼마켓도, 컴퓨터도 가질 수 없었을 겁니다. 리더십에서도 똑같습니다. 좋은 리더들은 그들이 일에 대해 생각하는 방식을 바꿀 준비가 언제나 되어 있습니다. 그들은 위대한 사상들은 변화에서 온다는 것을 알고 있습니다. 어느 시대에나 변화는 대부분 좋은 것이었음을 그들은 알고 있습니다.

헨리 포드는 1896년에 첫 포드 자동차를 만들어냈습니다. 그 차는 매우 비쌌습니다. 부자들이나 탈 수 있는 차였지요. 그러다가 1908년에 그는 '모델 T'라는 저렴한 차를 선보였습니다. 그 차는 검은색 한 가지로만 나왔습니다. 그러나 사람들은 모양은 상관하지 않았습니다. 그 시절에는 차를 가진 사람이 많지 않았기 때문에 차를 살 수 있다는 것만으로도 만족스러웠으니까요.

하지만 모델 T는 나오자마자 금방 구식이 되어버렸습니다. 각 가정의 경제 사정이 나아졌고, 사람들은 단순한 디자인의 그 차에 싫증을 냈기 때문입니다. 사람들은 뭔가 색다르고 새롭게 보이기를 원했습니다. 하지만 헨리 포드는 자기가 만든 차를 아주 좋아해서 사람들 기호대로 그 모델을 바꾸고 싶지 않았습니다. 그는 모델 T 디자인의 나사 하나도 바꾸지 못하게 했습니다. 생산부 직원 하나가 새로운 차를 만들어 헨리에게 보였는데, 그는 자세히 보지도 않고 화를 냈습니다. 그 밝은 빨간색 컨버터블(지붕을 접어 넣을 수 있는 차)을 얼마나 싫어했는지 맨손으로 그걸 산산조각 내버리려고 했을 정도입니다!

포드를 변하게 만든 것은 모델 T가 더 이상 팔리지 않는다는 사실이었습니다. 헨리가 돈을 벌기 싫었다면 아마 여러분은 포드 머스탱, 큐거, 에스코트 같은 차들을 영영 보지 못했을 것입니다.

리더가 변화한다는 것은 매우 힘든 일입니다. 그는 이미 자신의 방식대로 밀고 나가서 성공한 경험이 있고, 그에 자부심을 느끼기 때문입니다. 특히 그 변화가 스스로 세운 것을 바꾼다는 뜻이라면 말입니다. 그렇기 때문에 리더의 덕목인 '변화'에는 큰 용기가 필요합니다.

먼저 변화에 대해 여러분이 배울 수 있는 것을 모두 배워봅시다! 요셉의 이야기를 떠올려보세요.

성서의 창세기 37장에서 46장까지는 요셉에 대한 이야기를 들려주고 있습니다. 요셉은 변화를 두려워하지 않았다는 점에서 헨리 포드와는 다른 젊은이였습니다.

요셉은 아버지가 가장 사랑하는 아들이었습니다. 그래서 열 명이나 되는 요셉의 형들은 요셉을 시기했습니다. 그들은 질투심에 사로잡힌 나머지 동생 요셉을 노예로 팔아버렸습니다. (그런 비열하고 엉터리 같은 일이 그 시대에는 빈번하게 일어났습니다.) 그들은 요셉의 겉옷을 아버지에게 가져갔습니다. 남은 것은 이것뿐이라며 들짐승이 동생을 죽였다고 말한 것입니다.

세월이 흘러 노예로 살아가던 요셉은 옳은 일을 한 탓에 감옥에 가게 되었습니다. 그러나 훗날 그는 이집트의 위대한 지도자가 되었습니다. 양치기 소년에서 출발한 사람에게는 대단한 변화지요. 요셉은 결코 변화에 저항하지 않았습니다. 그 결과 리더십의 사다리를 올라간 것입니다. 하느님께 "왜요?"라고 묻는 대신 요셉은 이렇게 물었지요.

"지금 제가 뭘 해야 하지요?"

리더가 되어 사람들을 이끌기 원한다면, 요셉이 했던 것처럼 자신의 현재 위치에서 희망을 갖고 계속 변화해야 합니다. 자신을 바꾸는 게 얼마나 어려운 일인지 일단 알게 되면, 여러분을 따르는 사람들을 변하게 만드는 것도 그만큼 어려울 수 있다는 걸 이해하게 될 것입니다. 변화를 이해하는 것, 이것은 여러분의 리더십 기술에 대한 최종 시험이 될 것입니다.

변화를 망설이는 이유 열 가지

'변화'라는 말을 진지하게 생각하다 보면 이상해지는 느낌을 받을 겁니다. 그건 새롭고 색다른 것을 보았을 때 느끼는 감정과 비슷하지요. 여러분은 아마 초등학교에서 중학교로 올라갔을 때 그런 식의 느낌을 받았을 겁니다. 여러분이 가는 길에 어떤 새로운 것들이 있다는 걸 안 것이지요. 그러면서 새 학교에서 낯선 아이들과 함께 있는 것이 좀 두렵기도 했을 것입니다. 그런 느낌이 들 때는, 그 느낌에 지지 않는 게 중요합니다. 변화는 곧 성장입니다. 여러분이 자라면 자랄수록 더 잘 이끌어갈 것입니다.

물론 변화란 그렇게 쉬운 일이 아닙니다. 먼저 조심해야 할 것들이 뭔지 들어봐야 해요. 여러분이 가는 길 위에서 마주치게 될 일들 말입니다. 사람들이 변화를 싫어하는 이유는 대략 열 가지로 나뉩니다. 지금부터 하나씩 살펴봅시다.

1. 그건 내가 하고 싶은 일이 아니야

매년 봄마다 교회의 청소년들이 주일학교 졸업 소풍을 간다고 합시다. 그건 언제나 새롭고 재미있는 일입니다. 또 그룹 전체가 함께 결정하는 일입니다. 이번 해에는 여러분이 새로운 리더를 만났습니다. 그런데 그가 소풍 대신 야구 경기를 가야 한다고 이미 결정해버렸습니다. 아무도 경기를 보러 가고 싶어 하지 않지만, 약속은 이미 되어 있습니다. 그 문제에 대해 아무 말도 할 수 없다면 여러분의 기분이 어떻겠어요?

리더가 뒤따라오는 사람들의 생각을 강제로 결정할 때, 따르는 사람들은 그 변화를 피하려고 할 겁니다. 현명한 리더는 따르는 사람들이 아이디어를 내게 기회를 줍니다. 그리고 의사 결정 과정에 참여하게 해줍니다.

2. 변화는 내가 해오던 방식을 엉망으로 만들 거야

이렇게 가정을 해봅시다. 여러분은 친구들과 공원에서 스케이트보드 타기를 좋아합니다. 그런데 어느 날 곳곳에 표지판이 붙어 있는 걸 보게 됩니다.

'스케이트보드 출입 금지.'

이제 여러분은 뭘 할 생각이지요? 어떻게 할 거냐고 귀찮게 물어대는 사람은 아무도 없습니다. 하지만 여러분은 분명히 보드 타는 장소를 바꾸고 싶지 않습니다.

우리는 누구나 편하게 매일 하던 일이나 습관이 있습니다. 사람들은 자기들이 하던 방식을 바꾸라는 소리를 들으면 싫어합니다. 어떤 사람들은 변화를 싫어하지요. 평소와 다르게 생각해야 하고 불편한 방식으로 행동해야 하니까요

3. 하지만 만약 그렇게 된다면 어쩌지?

올해에 여러분이 지역 음악 경연 대회에서 독창 부문에 참가했다고 가정해봅시다. 여러분의 학교 합창단 지휘자는 여러분이 노래를 잘했다고 생각하고 있습니다. 그는 여러분에게 주에서 주최하는 음악 콘테스트에 나가서 겨뤄보라고 제안을 합니다. 여러분은 나가야 할지 말아야 할지 확신이 서지 않습니다. 주 대회에 나가면 수많은 다른 주의 젊은이들과 겨뤄야 할 겁니다. 여러분은 자신이 그럴 만한 실력이 있는지 확신이 서지 않습니다.

변화는 새로운 일을 시도한다는 뜻입니다. 그건 두려울 수도 있습니다. 두려움은 변화를 피하게 만듭니다. 여러분은 새로운 것과 마주치면 어떻게 할 겁니까? 도전할 겁니까, 아니면 도망갈 겁니까?

4. 난 이해가 안 돼!

여러분은 스포츠라면 뭐든지 좋아하는 사람입니다. 학교에서 할 수 있는 운동 종목들을 특히 좋아합니다. 하지만 여러분

은 어제 신문에서 학교 운영 위원회가 내년부터 대부분의 스포츠 팀을 줄이기로 결정했다는 기사를 봤습니다. 그 기사는 예산 줄이기, 직원 줄이기, 그리고 여러분이 이해할 수 없는 여러 가지 다른 일들을 들먹였습니다. 여러분은 예산은 신경 쓰지 않습니다. 하고 싶은 건 운동이지요!

변화는 '왜' 바뀌어야 하는지 이해하지 못할 때 특히 어렵습니다. 어떤 사람들은 자신들이 변화를 이해하지 못하기 때문에 변화를 피합니다.

5. 난 완벽하지 않다는 거 알잖아!

물론 여러분은 완벽하지 않지요! 우리는 누구나 다 그래요. 누구나 실수를 하지요. 세상에서 가장 훌륭한 사람도. 여러분이 저지르는 최악의 실수는 실수하는 걸 두려워한다는 것입니다. 새로운 걸 시도해보지 않으면 결코 변할 수 없습니다.

6. 그냥 둬도 상관없지 않을까

사람들은 대부분 무언가를 굳이 바꿀 필요성을 느끼지 못합니다. 그대로도 만족하기 때문이기도 하고 귀찮아서이기도 하지요. 그래서 제이슨 존스 같은 사람은 더욱 빛이 납니다.

제이슨이 조지아에서 중학교에 다닐 때였습니다. 그는 이동식 자동차 주택 주차장에서 어린이들이 놀고 있는 것을 보았는데,

아이들은 쓰레기 더미, 불량배들, 그리고 하나같이 낯 뜨거운 짓들을 하는 사람들 곁에서 놀고 있었습니다. 제이슨은 "지금까지 하던 대로 하는 것이 좋아"라고 했을까요? 아닙니다. 제이슨은 주차장에 자원 봉사자를 보내기 위해 동네 사람들을 모아서 위원회를 만들어 환경을 바꾸기로 결심했죠. 그는 가난한 사람들을 위해서 음식을 모으는 운동을 펼치게 거들었고, 학습에 문제가 있는 아이들을 가르쳐줄 선생님들을 찾아냈습니다. 그리고 아이들을 돌보는 봉사자 조직을 만들기도 했습니다. 제이슨은 변화가 좋을 수도 있다는 걸 알았습니다. 기대앉아 구경하면서 하던 대로 일이 계속되게 두는 대신 그는 뭔가를 했습니다!

7. 내 아이디어가 더 좋은걸

어느 날 학교에서 교장 선생님이 친구 집이 불타버렸다는 소식을 알렸습니다. 아무도 다치지는 않았습니다. 하지만 그 가족이 가지고 있던 모든 것이 사라져버렸습니다. 교장 선생님은 학생들에게 도울 방법을 생각해보라고 했습니다. 학교에서 집으로 가는 도중에 여러분은 친구들한테 동네 여기저기에 기부함을 놓아두자는 아이디어를 말했습니다. 모두 좋은 아이디어라고 생각했습니다. 다른 학생이 학교 무도회를 계획하고 있다는 걸 알기 전까지는 말입니다. 이제는 모두 그 아이의 아이디어에 환호성을 올리며 여러분의 아이디어는 잊어버렸습니다. 그때 여러분

94

의 기분이 어땠을까요?

다른 사람의 아이디어 때문에 자신이 생각한 것을 포기하거나 바꾼다는 것은 힘든 일입니다. 특히 자기 아이디어가 더 좋다고 생각한다면 말입니다.

8. 이것 때문에 내가 다치지 않을까

"몽둥이와 돌멩이가 내 뼈를 부술지라도, 변화는 결코 나를 다치게 하지 않을 거야."

좋아요. 정확한 표현은 아니지만, 그건 사실입니다. 사태가 변할 때마다 여러분은 성장합니다. 가끔은 이기고, 가끔은 집니다. 그리고 가끔은 아무런 영향도 받지 않습니다. 변화 안에 있는 것은 더 나은 리더가 되고 더 나은 사람이 되는 기회입니다.

9. 그만한 가치가 있을까

어떤 사람은 변화가 더 나은 결과를 가져오리라는 걸 깨닫지 못한 채 변화를 거부합니다. 리더는 이런 사람들의 생각을 바꿀 수 있어야 합니다. 마이클 해리스는 오클라호마 주에 사는 학생인데, 기회를 하나 만들기로 결정했습니다. 그의 생각은 다른 사람을 변화시키는 일과 관계가 있는 것이었습니다. 그리고 그것은 리더가 할 일 중에서 가장 어려운 일이었습니다.

마이클은 환경에 관심이 많았습니다. 그는 사람들이 반드시 지

95

구를 걱정해야 하는데도 그러지 않는다는 사실이 안타까웠습니다. 그는 자기가 아이를 갖게 될 때까지는 지구가 좀 더 깨끗한 곳이 되기를 원했습니다. 그래서 아홉 살 나이에 그는 재활용을 시작했습니다. 그 아이디어가 점점 자라자, 커다란 계획이 실행되었습니다. 그는 크리스마스트리부터 전화번호부에 이르기까지 사람들에게 모든 것을 재활용하도록 권했습니다. 그리고 수집 사이트를 개설하고, 학교에 프로그램을 알려나가고, 신문에 기사를 써서 알리고, 라디오 공공 봉사 알림 프로그램을 통해서 자신의 생각을 전했습니다. 그런 노력의 결과, 수십만 명의 사람들이 환경 보전에 대한 그의 메시지를 듣게 되었습니다. 땅에 묻어야 할 2만 2천 파운드 이상의 쓰레기 물건들이 재활용되었습니다. 마이클은 힘들게 일하는 걸 두려워하지 않았습니다. 사람들을 바꿀 수 있다면 환경에서 일어나는 변화는 그만한 가치가 있는 일이란 걸 그는 알고 있었습니다.

'그만한 가치가 있다'는 말이 여러분에게는 어떤 뜻으로 다가옵니까? 여러분은 뭘 바꾸고 싶습니까?

10. 그건 될 리 없어!

여러분도 늘 부정적인 사람을 알 겁니다. 새로운 일은 결코 잘될 리 없다고 생각하는 사람입니다. 아마 징징거리며 우는 소리를 하는 사람일 겁니다. 우리에게 이런 조언도 합니다.

- 쳐다보지 마! 보일지도 모르니까.

- 듣지 마! 들릴지도 모르니까.

- 생각하지 마! 알게 될지도 모르니까.

- 결정하지 마! 틀릴지도 모르니까.

- 뛰지 마! 넘어질지도 모르니까.

- 살지 마! 죽을지도 모르니까.

- 바꾸지 마! 안될지도 모르니까.

이런 사람은 평생 변하지 않을 겁니다. 그러니까 그런 사람 말을 듣고 풀이 죽으면 안 됩니다. 여러분과 나는 인생이란 늘 변하는 것이라고 알고 있잖아요. 불행하게도, 모든 변화가 다 좋은 건 아닙니다. 하지만 변화가 일어나면 언제나 긍정적인 태도로 받아들이세요. 어떤 것을 고칠 수 없다면 왜 거기에 시간을 쏟겠어요? 계속 앞으로 나아가기만 하세요.

스스로 변화하기, 함께 변화하기!

'내가 정말 바뀔 수 있을까?'

물론, 할 수 있지요! 이제 여러분 앞에 나타날 일들에 대해 알고 있으니, 여러분은 변화를 시작할 준비가 되어 있습니다. 사람들을 이끌어가기 원한다면 여러분은 변해야만 합니다. 리더란 자기를 따르는 사람들에게 변하라고 요구하기 전에 자신부터 변해야 하기 때문입니다.

어렸을 때 하던 '앞에 있는 사람 따라하기'라는 게임을 떠올려 보세요. 여러분이 맨 앞에 섰을 때는 여러분이 뭘 하든 모두 여러분이 하는 행동을 따라한다는 게 재미있고 우쭐하기도 하지 않았습니까? 따르는 아이들은 여러분을 믿었고, 여러분은 그들이 이끄는 대로 따른다는 걸 믿었지요. 설사 여러분이 독초덩굴 밭으로 모두를 끌고 가거나 뚜껑 열린 하수도 구멍 위로 끌고 가는 것

같은 바보짓을 한다 해도 전혀 상관없었잖아요? 여러분을 따르던 아이들은 그때 여러분을 믿었잖아요?

따르는 사람들이 자기들의 리더를 믿는다는 건 대단한 일입니다. 리더가 자기를 따르는 사람들을 믿는다는 건 더 대단한 일입니다. 모든 사람이 다른 사람을 믿을 때, 믿음이 생기는 겁니다. 따르는 사람들이 리더를 믿으면 믿을수록 그들은 더욱 기꺼이 리더의 변화를 받아들이려 할 것입니다.

믿음을 얻으려면 모범을 보여야 합니다. 훌륭한 리더들은 뭘 해야 하는지 말만 하지 않습니다. 그들은 말한 것을 실천합니다!

리더는 두 가지 특성을 가지고 있습니다. 첫째, 그들은 어디론가 가고 있습니다. 둘째, 다른 사람들을 변화시켜 그들과 같이 가자고 설득할 수 있습니다. 예수는 이런 리더의 훌륭한 모범입니다. 그의 제자들은 그를 만났을 때 모두 직업이나 가족이 있었습니다. 그러나 예수는 자신을 따르려면 그들이 하는 것을 바꾸어야 한다고 설득할 수 있었습니다. 변화를 위해서 많은 것을 왜 그렇게 스스럼없이 포기했다고 생각하세요?

사람들의 습관을 바꾸고 그들이 생각하는 방법을 바꾸는 것은 눈보라 속에서 눈 위에 설명서를 쓰는 것과 같습니다. 그 지시문은 모든 사람이 그 계획에 참여하지 않으면 금방 잊혀버립니다.

여러분을 따르는 사람들이 여러분을 최고라고 여기면, 뒤를 돌아보았을 때 그들은 언제나 여러분의 뒤에 서 있을 겁니다. 그러면 어떻게 뒤따르는 사람들에게 멋있는 리더이며 따를 만한 사람이라는 걸 믿게 만들 수 있을까요? 몇 가지 효과 있는 방법을 소개하겠습니다.

정직

사람들이 뭘 숨기려 할 때 여러분은 그걸 싫어하지 않습니까? 뭔가 진행된다는 걸 여러분은 알고 있습니다. 그러나 여러분 자신은 그 참여자가 아닙니다. 그리고 그들이 여러분에게 감추려는 것이 여러분에게 나쁜 영향을 주지 않을까 불안합니다.

좋은 리더는 진행되는 일에 대해 따르는 사람들에게 정직해야 합니다. 그리고 앞으로 무엇이 바뀔지 그들에게 생각할 시간을 줘야 합니다. 우리 모두는 변화가 우리에게 어떤 의미가 될지 생각할 필요가 있습니다. 변화는 실행하기 쉬운 일이 아닙니다. 그리고 모두가 그렇게 변할 가치가 있다고 느껴야 합니다.

언제 그리고 왜?

부모님이 여러분에게 캘리포니아로 이사하면 아버지가 더 좋은 직장을 얻을 수 있다고 얘기한다면 어떨까 상상해봅시다. 캘리포니아라니! 지금 사는 데서 대륙을 끝까지 가로질러 가는 겁니다.

여러분은 혼자서 이렇게 말합니다.

"아, 난 가고 싶지 않아! 친구들이 있는 여기가 좋다고!"

여러분은 부모님이 언제 이사하기로 계획을 세웠는지 궁금할 겁니다. 하지만 여러분이 그걸 물어보면 부모님은 이렇게 대답하겠지요. "아직 확실한 건 몰라. 되도록 빨리 알려줄게." 하지만 여러분은 걱정입니다. 생활 전체가 바뀌려는 순간이니까요! 왜 그들은 여러분에게 언제 이사할지를 이야기해주지 않지요?

때때로 리더는 그 '언제'라는 부분을 알 수 없을 때가 있습니다. 여러분의 부모님도 아마 대륙을 가로질러 가는 이사에 관한 한 여러분만큼 걱정하고 있을 겁니다. 자세한 것을 알게 되면 여러분에게 이야기해줄 것이라고 그들을 믿으세요. 훌륭한 리더는 될 수 있는 한 빨리 새로운 정보를 뒤따르는 사람들에게 알려서 같이 알게 합니다.

결과에 대한 확신

사람들은 모두 변화가 자신에게 어떤 영향을 줄지 알고 싶어 합니다. 리더로서 여러분은 여러분이 만드는 변화가 여러분의 뒤를 따르는 사람들에게 어떻게 영향을 미칠지 이해해야 합니다. 그리고 그들 역시 알 필요가 있습니다.

자신의 자질을 알고 있는 리더는 변화가 좋은 결과를 가져올 것임을 뒤따르는 사람들에게 확신시킬 수 있습니다. 앞에 나온 스케이트보드 이야기를 떠올려봅시다. 보드를 탈 장소를 새로 찾는 것이 좋다고 친구들에게 어떻게 확신시켜야 하지요? 사람들이 많은 공원에서 보드를 타는 것은 위험하다는 것을 아마 여러분은 알 겁니다. 여러분은 안전한 장소를 새로 찾아내는 일에 대해 시 공무원에게 물어보자고 친구들에게 제안할 수도 있습니다. 그 방법으로 동네에서 스케이트보드 타는 아이들 전체를 위해 뭔가를 하려는 것이지요!

함께 결정하기

이 장의 앞에서 말했던 젊은 리더 기억나세요? 아무에게도 미리 물어보지 않고 소풍 대신에 경기장 가는 것으로 계획을 바꾼 사람 말입니다. 그룹 구성원들에게 뭘 원하는지 물어봤다면 사정이 어떻게 달라졌을까요? 경기장에 가는 것은 재미있습니다. 하지만 놀이공원에 가는 것이나 하룻밤 야외 캠핑을 하는 것이 더 나을 수도 있습니다.

사람들은 결정 내리는 일에 참여하고 싶어 합니다. 좋은 리더는 언제나 열려 있어야 합니다.

솔직함

여러분이 친구 몇 명과 숲을 가로질러 소풍을 간다고 합시다. 아이들 중 하나는 전에 거기 가본 적이 있습니다. 그래서 자기는 길을 안다고 말합니다. 모두 그를 따라갑니다. 여러분은

자신이 어디에 있는지 알 만한 단서가 없습니다. 하지만 즐겁습니다. 어떻게 돼가는지는 그가 알기 때문에.

몇 시간을 걸었더니 피곤해집니다.

"꽤 멀리 왔어."

여러분의 리더가 말합니다. (한 시간 전에 한 말 아냐?) 그런데 주위가 익숙하다는 것을 깨닫기 시작했습니다. 조금 전에 지나친 곳이라는 것을 알았습니다. 그는 사람들을 이끌고 빙빙 원을 그리며 돌고 있었던 겁니다! 이제 여러분은 길을 잃었습니다. 이 잘난 척하는 인간이 어디로 가는지 모른다는 걸 인정하기가 두려웠기 때문입니다.

좋은 리더는 자신이 잘못을 했다면 솔직하게 그 사실을 인정합니다. 만약 여러분이 실수를 하고도 그걸 인정하지 않으면 따라오던 사람들이 얼마나 빨리 도망가버리는지 보고 놀랄 겁니다. 전에 말했듯이 우리는 누구나 실수를 합니다. 실수하는 걸 두려워한다면 결코 변화할 수 없습니다. 여러분이 변화하지 않는다면 여러분을 따르는 사람들도 결코 변화하지 않을 것입니다.

이런 점을 유념하며 변화를 두려워하지 않고 자신의 목적을 진정으로 믿어보십시오. 다시 말해 여러분이 어떤 것에 대한 자신의 믿음과 실행 계획을 알리고, 뒤따르는 사람들에게 여러분이 변화를 일으킬 수 있다는 걸 보여주세요. 그러면 그들은 여러분과 함께 기꺼이 변화할 것입니다. 정말 기분 좋은 일이지요!

누군가가 여러분에게 정말 대단하다고 칭찬해주는 게 좋지 않습니까? 여러분이 한 일에 대해 보상을 받고 인정을 받으면 기분이 좋지 않습니까? 우리는 모두 자신에 대해 기분 좋게 느끼기를 원합니다. 그리고 우리 모두에게는 이따금 누군가가 등을 두드려주는 것이 필요합니다. 한 사람의 리더로서 여러분은 여러분이 하는 훌륭하고 놀라운 일들에 대해 뒤따르는 사람들에게 감사하다는 말을 듣고 싶습니다. 그러나 그런 일이 일어나지 않는다고 해서 무슨 상관입니까? 말로 하지 않을 뿐 그런 칭찬과 격려는 느낌으로 알 수 있는 것이지요.

리더는 뒤따르는 사람들이 원하는 걸 알고 있습니다. 리더는 뒤따르는 사람들이 변하게 도와줍니다. 좋은 리더는 변화를 일으키기 위해 뒤따르는 사람들이 도와주는 걸 고마워합니다. 그리고 훌륭한 리더는 뒤따르는 사람들에게 자신이 얼마나 특별하고 훌륭한지 알려줍니다.

텔레비전에서 이런저런 시상식을 본 적 있지요? 자기 분야에서 최고가 된 것을 사람들이 축하하는 시상식 말입니다. 그들의 소감을 들어보세요. 그들의 말을 들어보면 여러분은 누가 훌륭한 리더인지 알 수 있습니다. 바로 뒤따르는 사람들에게 영예를 돌리는 사람입니다. 여러분이 진정 훌륭한 리더라면 여러분 역시 그렇게 할 것입니다.

전축과
MP3
—세상을 움직인 변화들

106

- 〈라이파이〉(한국의 첫 SF 만화책)

- 겔러그(오락실 게임)

- 전보(전신을 이용한 문자 통신 수단)

- 김일(프로레슬링 선수)

- 흑백TV

- 〈독수리 5형제〉(만화영화)

- 고고장(고고음악에 맞춰 춤을 추는 곳)

- 김세레나(가수)

- 백색전화(회선이 부족해 전화 가입이 힘

  들 때, 사용권을 양도할 수 있었던 전화)

- 장소팔, 고춘자(만담 개그 콤비)

- 〈매트릭스〉

- 스타크래프트

- 이메일

- 표도르(이종격투기 선수)

- 디지털TV

- 〈개구리 중사 케로로〉

- 영상통화

- UCC(사용자 제작 콘텐츠)

- 한류 韓流

- 해리 포터

- 〈웃찾사〉

왼쪽에 나열한 물건이나 이름을 살펴보세요. 처음 들어보는 말도 있을 것이고, 이름은 알지만 직접 사용하거나 일상적으로 본 적은 없는 것도 있을 거예요. 반면 오른쪽에 나열된 목록은 대부분 여러분이 잘 아는 것들이죠? 이 둘의 차이점은 무엇일까요? 물론 시간입니다. 그런데 더 자세히 말하자면, 용도는 그리 다르지 않지만 그것을 사용하고 좋아하는 사람들이 변한 것입니다. 아무리 시간이 흘러도 사람들이 변할 의지가 없거나 변화를 실천하지 않는다면 아무것도 달라지지 않습니다.

우리의 본래 모습을 바꾸지 않고서는 우리가 되어야 하는 존재가 될 수 없습니다. 화장실이 집 바깥에 있고, 촛불을 켜놓고 숙제하고, 친구에게 이메일 대신 편지를 써야 한다고 상상해보세요. 텔레비전, 컴퓨터, 전자레인지, 자동차, 냉장고, 휴대전화 없이 산다고 생각해보세요. 사람들이 변화하지 않고 있던 곳에 그대로 있었다면 오늘 여러분의 생활은 지금과 같지 않았을 겁니다. 사람들을 변하게 만든 리더가 있었다는 게 반갑지 않나요? 우리 앞에 놓인 변화도 저 목록들의 변화와 다르지 않아요. 이제 변화를 제대로 이해했으니 남은 건 실천하는 것 하나입니다!

66

일의 우선순위를
확실히 하라

99

목표를 위해 우선순위를 정하라. 성공적인 삶은
먼저 할 일을 맨 앞에 두는 능력에 달려 있다.
가장 중요한 목표가 달성되지 않는 이유는 나중에 할 일을 먼저 하면서
시간을 허비하기 때문이다.
로버트 매케인(작가)

좋아하는 일을, 빈틈없이!

이제 여러분은 리더십 자질을 모두 이해하고 익혔습니다. 다음 단계로 옮아갈 준비가 된 것이지요. 여러분의 보물 상자를 열 리더십 열쇠를 찾는 일이 다음 단계입니다. 이를 위해 여러분은 보물 상자 열쇠가 있는 곳까지 가는 미로를 통과해야 합니다. 그 길을 가면서 여러분은 자신의 시간과 에너지를 어디에 써야 할지 고민하게 될 것입니다. 그리고 열쇠를 찾기 위해 자신에 대해 생각하고 그것이 무엇일지 예측해야 합니다.

많은 사람들이 하기 어렵다고 알고 있는 일이 두 가지 있습니다. 중요한 순서에 따라서 일을 생각하는 것, 그리고 중요한 순서에 따라서 일을 실행하는 것.

성공한 사람 중에도 우선순위를 제대로 잡는 것에 어려움을 느끼는 사람들이 많습니다. 피겨 스케이팅 선수인 미셸 콴도 그랬

습니다.

미셸은 겨우 여덟 살 때 앞으로 올림픽에서 우승하겠다는 꿈을 품었습니다. 열네 살 때에는 세계 선수권 대회에 참가해서 8위를 했습니다. 일 년 뒤 그 대회에서 미셸이 우승하는 것은 확실한 일처럼 보였습니다. 그러나 그녀는 우승하지 못했습니다. 깔끔하게 규정 종목을 연기해냈지만 심판들에게는 그녀가 '어린아이'로 보였기 때문이라고 미셸은 생각했습니다. 여자 피겨 스케이팅의 세계 챔피언 후보로 보이지 않았다고 말이에요.

1995~1996년 시즌 동안, 미셸과 그녀의 팀은 미셸의 새로운 이미지를 만들어내기 위해 하루 스물네 시간이 모자라도록 뛰었습니다. 그녀는 경기복 스타일도 바꾸고 더 어른스럽게 보이려고 얼굴 화장을 하기 시작했습니다. 스케이팅 스타일까지 좀 더 매혹적으로 바꾸기도 했습니다. 앞 장에서 이야기한 대로 변화를 추구한 것이지요. 그리고 그 생각은 적중했습니다. 1996년에 미셸은 세계 대회와 미국 전국 대회에서 처음으로 우승했습니다. 그렇게 우승이 계속되자, 그녀를 이길 사람은 아무도 없을 것처럼 보였습니다.

하지만 그것은 겉으로 보이는 것이었을 뿐, 표면 아래의 미셸은 행복하지 않았습니다. 그녀는 압박감과 불안밖에는 아무것도 느끼지 못했습니다. 마침내 미셸은 뭐가 잘못됐는지 스스로 인정했습니다. 스케이트를 타는 이유가 이기기 위한 것이 되고 말았

다는 게 문제였습니다. 좋아서 타는 게 아니었죠.

미셸이 그녀의 우선순위를 바로잡아 스케이트를 즐기려는 생각을 갖기 전까지 그녀는 우승에서 멀어져갔습니다. 그러나 우승이나 사람들의 시선보다는 스케이트를 즐기는 데 충실하기로 마음을 고쳐먹자 그녀는 다시 우승하기 시작했습니다. 2003년에는 드디어 세계 피겨 스케이팅 챔피언십 금메달을 목에 걸었지요. 미셸은 중요한 순서에 따라 일을 생각하고 중요한 순서에 따라 일하는 법을 배웠습니다. 이기기 위해서 하는 것보다 좋아하기 때문에 하는 것이 더 중요하다는 것을요.

훌륭한 리더는 빈틈없게 일하는 방법을 알고 있습니다. 그렇지 않은 리더는 어떨까요? 리더가 우선순위를 제대로 잡지 않았을 때 어떻게 되는지 예를 들어보겠습니다.

쿠말은 중학생인데 자신에게 가장 어려운 일을 찾아 최선을 다해 일하면 부자가 될 수 있다는 글을 읽었습니다. 그에게 가장 어려운 일은 땅에 구멍을 파는 일이었어요. 그래서 집의 뒤뜰에 커다란 구멍을 파기 시작했습니다. 하지만 그는 부자가 되지 못했습니다. 부모님과 싸움만 했을 뿐이지요!

이건 실제로 일어난 일은 아니지만, 우선순위도 정하지 않고 일만 열심히 하면 어떻게 되는지 보여주는 좋은 표본입니다. 쿠말은 뭘 해야 했을까요? 부자가 되는 게 목표였다면, 어떤 종류의 일이 자신을 부자로 만들지 생각을 좀 해야 했어요. 그런 다음

113

그는 우선순위를 제대로 정하고 어떻게 그 목표에 도달할지 생각해야 했지요.

훌륭한 리더는 중요한 순서에 따라서 일을 생각하고 언제나 빈틈없게 일을 합니다. 수많은 젊은이가 아무것이나 하겠다고 생각하면서 인생을 살고 있습니다. 그러나 아무 일이나 한다면 아무것도 안 된다는 게 진실입니다. 훌륭한 리더는 세 개, 네 개, 때로는 그 이상의 일의 순서를 단번에 요술 부리듯 바꾸는 법을 배워야 합니다.

여러분이 맨 먼저 해야 할 일은 가장 '중요한' 일입니다. 이런 일들은 내일까지 기다릴 수 없는 일들입니다. 숙제하는 일, 저녁 상을 차리는 일, 오늘 밤 성가대 연습을 위해 새 노래를 익혀두는 일 같은 것들이지요.

 다음에 할 일은 다음에

미루지 말고 해야 할 일이 아니라고 중요하지 않은 일은 아닙니다. 다음 주 학교 축제 무도회에서 입을 새 옷을 사는 일은 시간을 좀 더 들여서 해야 할 또 다른 중요한 일이지요. 기억해야 할 말은 '최종 마감 시간'입니다. 즉 일을 완전히 끝마쳐야 할 마지막 시간입니다. 여러분이 해야 할 일의 미로를 통과하기 위해, 여러분은 유기적으로 연결될 필요가 있습니다. 그러기 위해 여러분은 제때 일을 해야 합니다.

로사는 그림 그리기를 좋아했습니다. 미술반 아이들은 모두 로사가 최고라고 말했습니다. 그녀가 그리는 것은 대상이 무엇이든 모두 색깔이 화려하고 밝게 표현되었습니다. 그걸 보면 사람들은 기분이 좋아졌죠. 연극반 지도 선생님이 어느 날 로사에게 오더니 학교 연극의 다음 공연을 위해 무대 배경을 그려줄 수 있겠느냐고 물었습니다. 3주의 시간이 있었습니다. "좋아요"라고 로사는 대답했습니다. 3주면 시간이 많았거든요. 하지만 그때 로사는 바빴어요. 첫 주에는 학교 숙제가 많았고, 둘째 주에는 가장 친한 친구의 침실 벽에 벽화 그리는 걸 도와주었습니다. 주말에는 친구와 시간을 보냈습니다. 그러다가 셋째 주가 되자 로사는 당황했습니다. 그녀는 무대 배경이 제시간에 완성되지 않을 것이라는 걸 알았습니다. 로사는 그 사정을 미술반 친구들에게 털어놓았고, 친구들은 선뜻 시간을 내서 그녀를 도와주었습니다. 그들은 로사를 리더로 생각했을까요?

훌륭한 리더는 최종 마감 시간을 정해놓습니다. 로사는 시간 관리에 실패했고, 결국 사람들이 자신을 따르게 한 것이 아니라 다른 사람들을 따르는 처지가 되고 말았지요. 여러분은 어떻습니까? 여러분은 언제나 마지막 순간에 일을 합니까? 아니면 여러분이 정한 시간에 뭘 할지 미리 계획을 세웁니까?

시간은 사용하지 않으면 없어집니다. 나의 아버지는 형과 누나 그리고 내가 성인이 되자 우리에게 매주 해야 할 집안일을 정해주었습니다. 내가 해야 할 일의 목록에는 지하실 청소도 들어 있었습니다. 아버지는 우리가 묻지 않으면 일을 어떻게 하라고 말해주는 법이 없었습니다. 언제 하라는 말도 전혀 하지 않았습니다. 대신 토요일 정오까지는 일을 모두 마쳐야 한다는 말만 했습니다. 아버지는 시간을 조절해서 중요한 일들을 빠뜨리지 않는 걸 가르치고 싶었던 겁니다. 토요일 정오까지 일을 마치지 못하면 우리는 오후에 있는 가족 모임이나 놀이에 낄 수 없었습니다.

어느 토요일, 나는 지하실 청소를 제시간에 마치지 못했습니다. 멍청한 짓을 하며 꾸물거린 겁니다. 그날 오후 가족들은 함께 하루 동안 여행을 하기로 계획되어 있었습니다. 나는 가족들과 함께 갈 수 없었습니다. 그들이 떠날 때 손을 흔들어주던 기억이 아직 생생합니다. 그날 나는 일의 목록에 순서를 매기는 걸 배웠습니다. 그 뒤로 나는 내가 하고 싶은 것을 빠뜨리지 않게 되었습니다. 지금 일하세요. 노는 건 나중에.

작은 일에 초조해하지 마

노어는 자신이 속한 청소년 그룹 기금 조성 프로그램의 책임을 맡고 있습니다. 그룹의 아이들은 재활용해서 돈을 만들 수 있는 깡통 같은 것들을 모으기 위해 교회 신자들의 집을 찾았습니다. 그런 물건으로 모은 돈을 교회 식료품 저장실에 기부할 예정이었습니다. 그곳은 가난한 사람들이 와서 통조림이나 여러

117

가지 음식을 가져갈 수 있는 곳이었습니다. 그 프로그램은 매우 큰 성공을 거뒀습니다. 그러나 노어는 자신이 사람들과 약속을 하고, 팀을 짜주고, 기부 물품을 모으는 데 시간을 다 보내고 있다는 것을 알았습니다. 교회는 재활용 센터로 가져갈 물건으로 가득 찼습니다. 노어는 당해낼 수 없다는 느낌이 들었습니다.

'이 모든 일을 내가 어떻게 다 해낼 수 있을까?'

그는 걱정이 됐습니다. 여러분이 노어라면 어떻게 했을까요? 모든 리더는 그들의 시간을 사람들을 이끌어가는 데 사용해야 합니다. 그러나 좋은 리더들은 뒤따르는 사람들에게 의지하는 방법을 알고 있습니다. 좋은 리더는 작은 일들을 처리하기 위해 다른 사람들에게 도움을 구하는 걸 배웁니다. 그래서 그들은 일이 커져도 일에 치이지 않습니다.

좋은 리더들은 중요하지 않은 일에 얽혀들지 않는 법을 알고 있습니다. 그들은 우선순위를 정하는 법을 알고 있습니다. 어떤 일들은 지금 해야 하고, 어떤 일들은 내일까지 기다려도 됩니다. 그리고 어떤 일들은 전혀 할 필요가 없습니다.

찌꺼기를 갖고 뭘 하지?

일단 큰일을 골라내고 작은 일을 처리할 방법을 찾으면 뭐가 남지요? 찌꺼기입니다. 찌꺼기란 늘 여기저기 널려 있는 사소한 계획을 말합니다. 그걸로 뭘 해야 할지 알 수 없는 재료들입니다. 리더가 걱정해야 할 마지막 일은 찌꺼기입니다. 여러분은 매주 조금씩 찌꺼기를 처리해나갈 수 있습니다. 아니면 누군가 다른 사람에게 그걸 해달라고 도움을 청할 수도 있습니다. 거기에 더해서, 이런 규칙들을 사용해보세요. 오늘 할 수 있는 일을 내일 해야겠다고 미뤄놓기 전에 그걸 자세히 뜯어보세요. 전혀 하지 않아도 될 일일지도 모르니까요!

　여러분이 가지고 있는 찌꺼기에 대해 생각해봅시다. 읽으려고 책꽂이에 쌓아둔 잡지 무더기입니까? 아니면 침대 밑에 있는 잡동사니입니까? 갖고 있을지 동생한테 줘버릴지 결정을 못 하고 있는 옷들입니까? 책꽂이의 잡지들은 재활용하고, 침대 밑의 잡동사니들은 내다 버리고, 동생한테는 갖고 싶은 옷들이 있으면 골라서 가지라고 하세요. 그러면 여러분은 찌꺼기들을 다 해치우게 됩니다.

리더로 이끌어주는
세 가지 느낌

여러분은 이제 미로의 가장 어려운 부분을 막 통과했습니다. 우선순위 정하는 법에 대해서 배웠으니까요. 이제 네거리에 도착했습니다. 계속 가기 위해서는 선택을 해야 합니다. 리더십 노트에 아래의 문제에 맞춰 문장을 완성해보세요. 정직하게.

· 친구와 나는 동네의 아동 병원에서 자원 봉사 하는 것에 대해 이야기하고 있다. 나는……

ⓐ 그 계획이 계속 진행되게 노력한다.

ⓑ 누군가가 뭘 해야 할지 말해주기를 기다린다.

· 시에서 여는 과학 박람회를 위해 내가 아주 멋진 계획을 생각했는데, 이걸 실행하려면 공간이 꽤 많이 필요할 것이다. 나는……

ⓐ 박람회 관계자들에게 전화해서 필요한 공간이 얼마나 되는지 얘기해둔다.

ⓑ 계획을 다 완성할 때까지 기다렸다가 그때 가서 걱정한다.

· 나와 같은 반 친구 셋이 어떤 프로젝트를 함께 진행해보기로 약속했다. 우리는 의견이 일치해서 방과 후에 만났다. 나는……

ⓐ 그 프로젝트에 대해 주제에서 벗어나지 않고 계속 대화한다.

ⓑ 학교 이야기와 스포츠 이야기를 하면서 시간을 보낸다.

　세 가지 질문에 모두 ⓐ를 선택했다면 여러분은 리더가 될 자질이 있습니다. 만약 ⓑ를 선택했다면 여러분은 리더라기보다는 뒤따르는 사람입니다. 리더는 앞을 생각하고 일이 발전해나가게 만드는 사람입니다. 뒤따르는 사람들은 보통은 기다리고 있다가 행동해야 할 때에만 반응을 합니다. 뒤따르는 사람이 될 때가 있는가 하면, 이끄는 사람이 되어야 할 때가 있습니다. 늘 뒤따르기만 한다면 이따금 이끌어가는 일에 대해서 생각해보게 됩니다. 반면 언제나 이끌어간다면 더 나은 리더가 되는 훈련을 할 수 있습니다.

　그런데 여러분은 어떤 길을 선택할 겁니까? 한쪽 길은 '리더'이고, 다른 쪽 길은 '뒤따르는 사람'입니다. 어떤 길이 열쇠가 있

는 곳으로 데려다줄 거라고 생각합니까?

　미로 속으로 깊숙이 들어가면 여러분은 세 가지 '느낌'을 받게 될 겁니다. 이것이 여러분이 올바른 방향으로 갈 수 있게 길잡이 역할을 할 것입니다. 일의 순서를 정리하려고 할 때 이것들을 활용해보세요. 그러면 더욱 성공적으로 할 수 있습니다.

 해야 할 일을 만났을 때 의무감을 느낀다
　첫 번째 '느낌'은 여러분이 이미 여러 번 들은 이야기입니다. 그것은 여러분이 반드시 해야 할 일을 만났을 때 느끼는 의무감입니다. 노어를 기억하세요? 할 일이 너무 많은 자기 문제를 해결하기 위해, 그는 처음에 자신에게 물었습니다.

　'내가 꼭 해야 할 것은 뭐지?'

　다른 말로 표현하면 '나만이 할 수 있는 것, 반드시 내가 해야만 되는 것이 뭐지?'라는 뜻입니다. 노어의 상황에서 그것은 약속을 하고, 일할 친구들을 연결하고, 기부할 물건을 모으는 것이었습니다. 여러분에게 요구되는 일, 여러분이 해야만 하는 일이 어떤 일인지 몇 분 동안만 생각해봅시다. 집에서 해야 할 일은 무엇이고, 학교에서 해야 할 일은 무엇이고, 학원에서 해야 할 일은 무엇이죠? 생각해보세요. 이것들이 여러분만이 할 수 있는 일들입니다. 여러분의 가치와 여러분의 신념을 위해서 제때 나타나 기다리는 그런 일들입니다. '요구'는 자주 '규칙'과 어울려야 합니다. 부모님과 선생님이 여러분에게 어떤 요구를 합니다. 다른 요구들은 여러분이 자신에게 합니다.

리더십 노트에 여러분에게 요구되는 것 세 가지를 써보세요.

훌륭한 리더는 그만이 할 수 있는 일이 있고 뒤따르는 사람들이 해낼 수 있는 일들이 있다는 걸 알고 있습니다. 훌륭한 리더는 '위임'하는 걸 배웁니다. 그건 뒤따르는 사람들에게 도와달라고 부탁한다는 뜻입니다.

최선을 다했을 때 만족감을 느낀다

다음 '느낌'은 여러분이 언제든 느낄 수 있는 것입니다. 어떤 프로젝트에 최고의 노력을 쏟아 부었을 때 '만족감'이라는 느낌이 되돌아오게 됩니다.

훌륭한 테니스 선수인 마이클 창은 자신의 노력 때문에 대단한 것이 되돌아온 사람의 예입니다. 마이클은 하느님에 대한 믿음 때문에 테니스 경기를 훌륭하게 할 수 있다고 믿습니다. 돈이나 명성을 위해서가 아니라 믿음을 위해서 그는 그 운동에 자신의 최대의 노력을 쏟아 넣습니다.

1989년 프랑스 오픈 테니스 대회에서, 열일곱 살의 마이클은 세계 최고 랭킹의 이반 렌들을 깨고 그늘에서 뛰쳐나와 사람들에게 충격을 주었습니다. 아무도 마이클이 우승하리라고는 생각하지 않았습니다. 그는 수많은 경쟁자들보다 키가 작았기 때문입니

다. 그러나 마이클은 창조적인 전략을 사용해 그 부족함을 메워 나갔습니다. 그가 그랜드 슬램(골프나 테니스에서 한 선수가 한 시즌 중에 주요 4개 대회에서 우승하는 일)을 이룩한 가장 나이 어린 선수가 되는 영광을 얻자, 테니스 잡지 《월드 테니스》는 그가 이룩한 것을 "테니스의 가장 순수한 지성적 표본"이었다고 말했습니다. 마이클은 일의 순서에 따라 최우선으로 여기는 것이 있습니다. 그의 플레이는 깔끔합니다. 그는 이렇게 말합니다.

"나에게 성공이란 타고난 나의 재능을 최대한 사용하는 것이다."

마이클에게 되돌아온 것은 자신이 최선을 다함으로써 사람들이 감동하고 있다는 것을 알게 되면서 느끼는 만족입니다.

여러분에게 최고의 것을 되돌려주는 것이 무엇인지 잠깐만 생각해봅시다. 여러분이 어떤 일에 최선의 노력을 했을 때, 여러분에게 굉장한 느낌을 주는 게 뭘까요? 여러분의 리더십 노트에 그걸 적어보세요.

만약 어떤 프로젝트에 대해 여러분이 기대하는 것이 되돌아오지 않는다면 자신에게 물어보세요.

"내가 최선을 다해야 할 일에 나는 최선을 다하고 있는가?"

 좋아하는 일을 할 때 즐거움을 느낀다

텍사스 리처드슨에 사는 베커 랩툭은 '글로(GLOW, Giving

and Learning Our Way)'라는 청소년 자원 봉사 조직을 만들었습니다.

베커는 이렇게 말합니다.

"자신을 위해서 또는 다른 사람들을 위해서 가치 있는 일들을 하는 동안 많은 아이가 회원이 된 것을 즐겁게 받아들인다는 걸 느꼈어요. 남을 돕는 일에 행복을 느끼는 착한 십대들이 많아요."

베커의 그룹에는 지방의 로널드 맥도널드 하우스와 어린이 병원을 포함해서, 모든 비영리 조직을 위해 자원 봉사를 하는 215명이 넘는 청소년들이 회원으로 있습니다. 그들이 받는 보상은 다른 사람들을 도울 때 느끼는 즐거움입니다.

그렇습니다. 마지막 느낌은 즐거움입니다. 여러분이 자신이 하는 일을 아주 좋아해서 다른 어떤 일을 해도 즐겁지 않을 정도일 때, 바로 그때 여러분은 즐거움 즉 쾌감의 보상을 받게 됩니다. 여러분은 뭘 하는 것이 즐겁습니까? 즐겁다는 느낌을 받으면서 할 수 있는 일이 어떤 것입니까? 어린아이들을 돕는 게 즐겁습니까, 나이 든 이들을 돕는 게 즐겁습니까, 집 없는 노숙자들을 돕는 게 즐겁습니까? 여러분은 동물들과 있을 때 즐거울 수도 있고, 글을 쓸 때 즐거울 수도 있고, 노래를 부를 때 즐거울 수도 있습니다. 세상을 더 나은 곳으로 만들기 위해 여러분의 재능을 어떻게 사용할지 생각해보세요.

미로의 마지막,
함정 통과하기

이제 세 가지 느낌이 있는 지점을 모두 지나왔으니까, 여러분은 미로의 마지막 부분으로 들어간 겁니다. 리더십 열쇠는 바로 저만큼 떨어진 곳에 있습니다. 하지만 먼저 몇 가지 함정을 무사히 지나야 합니다.

함정 1 : 사방이 막힌 우리

"다 가질 생각 마."

부모님에게 얼마나 많이 들은 말입니까? 그분들은 십대 시절을 살아가는 게 얼마나 어려운지 이해를 못 하시는 걸까요? 여러분은 하고 싶은 일이 너무나 많아요. 그걸 다 하기에는 시간이 절대적으로 모자라죠.

때때로 여러분은 너무 많은 일을 한꺼번에 진행할 때 꼼짝도 못할 만큼 얼어붙는 느낌이 들 때도 있을 겁니다. 그런 걸 느낀 다음에는, 자신을 우리에 갇힌 사자로 생각하게 됩니다.

동물 사육사들이 사자 우리에 들어갈 때 왜 작은 의자를 들고 가는지 아세요? 그건 그 의자가 사육사의 가장 중요한 도구이기 때문입니다. 그는 의자 등받이를 잡고 의자 다리를 사자 얼굴을 향해 쿡쿡 찌르는 시늉을 합니다. 가엾은 사자는 네 개의 의자 다리 모두에 동시에 초점을 맞추려고 합니다. 그런데 그렇게 할 수 없지요. 그때 사자에겐 일종의 얼어붙는 기분이 덮치는 겁니다. 사자는 황당합니다. 다리 네 개를 동시에 모두 볼 수는 없기 때문이지요. 공격해오는 상대에게 초점을 맞출 수 없으니 황당해질밖에요.

여러분은 황당해지고 싶습니까? 물론 그렇지 않겠지요. 그러니까 그 섬뜩한 기분이 들 때마다 우선순위를 정해 정리하세요! 불행하게도 가장 중요한 것을 하기 위해 어떤 것들은 포기해야 할지도 모릅니다.

가장 좋은 것 하나를 하기 위해 여러분이 기꺼이 포기하려는 좋은 것들이 많습니다. 그것은 뭘까요?

함정 2 : 레슬링 시합

둘 다 좋은 일인데, 그 두 가지 좋은 일 중에서 어느 것을 할지 결정하는 일은 레슬링 경기와 같습니다. 아나운서가 외칩니

127

다. "청코너, 좋은 선수…… 홍코너, 가장 좋은 선수……." 좋은
것과 가장 좋은 것은 서로 적입니다. 누구를 이기게 할지 여러분
이 결정해야 합니다. 좋은 것과 나쁜 것 사이에서 결정을 내리기
는 쉽습니다. 하지만 지금은 어떻게 해야 할까요?

결정의 순간에 맞닥뜨렸을 때 자신에게 이렇게 물어봅시다.

> 1. 누군가 다른 사람이 이 일들을 할 수 있을까?
> 2. 이 일들 중에서 어떤 일이 나 또는 나의 동아리에 가장 뿌듯한 만
>   족감을 가져다줄까?

여전히 결정할 수 없다면 친구나 부모님이나 선생님께 조언해
달라고 청해보세요. 만약 여러분이 동아리를 이끌고 있다면 회원
들에게 어느 것이 가장 좋다고 생각하며 왜 그렇게 생각하는지
물어보세요.

다른 예를 들어보죠. 여러분이 속한 농촌 동아리에서 계획을
세웠는데 두 가지 중 하나를 선택해야 할 상황입니다. 첫 번째 계
획은 과자 공장에서 과자 상자를 포장하는 일입니다. 도와주고
나서 공짜로 과자를 많이 가져갈 수 있습니다. 다른 계획은 농장
에서 배를 따는 일입니다. 어느 걸 선택하는 게 가장 좋을까요?
잠깐 기다리세요. 생각해보아야 할 참고 사항들이 있습니다. 배
는 이번 주말에 따야 합니다. 그러지 않으면 배가 상하게 되고 농

부는 그걸 팔 수 없습니다. 여러분이 돕게 되면 그 대가로 동아리 회원들이 딴 배를 얼마간 자선 기관에 기부하겠다고 합니다. 그리고 동아리 회원들 각자의 집으로 신선한 배를 조금 보내줄 겁니다. 한편 과자 공장은 동아리 회원들이 포장한 과자에서 나온 이익의 일부를 자선 기관에 기부하는 데 동의했습니다. 생각해봅시다. 어느 쪽을 선택하는 것이 가장 좋을까요? 그리고 왜 좋을까요? 양쪽을 다 하는 방법은 없을까요?

　정보가 더 필요해요? 그럼 과자 공장 공장장에게 얘기해서 앞으로 세 달 안에 어느 때나 와서 일해도 좋다는 제안을 받아낼 수 있을지 알아보세요. 농부에게는 이번 주말에 수확을 해야 할 최종 시한이 닥쳤다는 걸 여러분도 알고 있습니다. 여러분과 동아리 회원들은 배 따는 일이 뜨거운 햇볕 아래서 힘들게 해야 하는 일일 거라는 걸 알고 있습니다. 반면에 과자 공장은 달콤한 보상을 약속하고 있다는 걸 알고 있습니다. 여러분은 동아리 지도 선생님께 조언을 구합니다. 선생님은 여러분에게 동아리가 농촌과 관련이 있어서 농무성의 지원을 받고 있으며, 지역의 농민을 그런 동아리가 돕는다는 것은 권할 만한 일이라는 걸 알려줍니다. 여러분과 지도 선생님 모두 어느 것을 선택하는 것이 가장 좋은 것인지 결론에 도달했습니다.

　동아리는 배를 따게 될 것입니다. 그런 다음 일이 모두 끝나면 파티가 열립니다! 회원 각자의 집으로 농부가 보내준 배로 지도

선생님과 몇몇 부모님들은 가정식 배 아이스크림을 만들 겁니다. 동아리는 두 가지 보상(즐거움)을 받았습니다. 신선한 아이스크림, 그리고 농부의 생계를 유지하는 일을 도왔다는 만족감. 과자 공장은 아직도 아무 때나 주말에 와주기를 기다리고 있다고 제안합니다. 한쪽의 선택은 좋은 것이고, 다른 쪽의 선택은 가장 좋은 것입니다.

 함정 3 : 막다른 길

우리는 무엇이 진정으로 중요한지를 너무 늦게 배울 때가 많습니다. 그러나 일을 좋은 상황으로 되돌려놓을 기회가 완전히 없지는 않습니다.

위스콘신 출신의 열네 살 된 제니 헝거퍼드는 마약에 중독되어 3년을 허송세월로 보냈습니다. 그녀는 집을 뛰쳐나와 가족과 친구들에게 많은 걱정을 끼쳤습니다. 하지만 제니는 자기 문제에 굴복하기를 거부했습니다! 그녀는 회복하기 위해 힘들게 노력했습니다. 그리하여 회복했을 때 그녀는 자신에게 진정으로 중요한 일을 하기로 결정했습니다. 마약에서 빠져나오지 못하는 청소년들을 돕기로 한 것입니다.

제니는 일의 우선순위를 정했습니다. 그녀는 마약 사용의 위험에 대해 학교에서 강연을 하기 시작했습니다. 그녀는 〈제니—십대 마약 중독자의 하루〉라는 희곡을 쓰기도 했습니다. 제니의 연극은 십대 관객에게 굉장한 반응을 얻었습니다. 그리고 이제는 마약 사용 경험이 있는 십대들의 연기 팀과 협력하여 일하고 있습니다. 그들이 더 많은 청소년을 만나서 마약을 끊게 도와줄 수 있기를 그녀는 바라고 있습니다.

제니는 너무 늦었다고 해서 우선순위고 뭐고 정할 수 없는 경우는 없다는 걸 알았습니다. 그녀가 보살피는 사람들과 그녀가 살고 있는 지역 사회에서는 그녀를 자주 부릅니다. 그리고 지금 제니는 뭔가를 되돌려주고 있습니다.

축하합니다. 여러분은 해냈습니다!

굉장한 미로를 통과해서 일의 순서를 바로잡았습니다. 우선순위 잡는 법과 깔끔하게 일하는 법과 자기가 가는 길에 나타날지도 모르는 장애물을 극복하는 법에 대해 모든 것을 배웠습니다.

그렇게 해서 여러분이 얻은 보상은 뭐지요? 리더십 열쇠입니다! 그 열쇠는 리더로 성공할 수 있는 문을 열어줄 유일한 물건입니다. 그것은 일의 순서를 결정하고 긍정적인 목표를 향해 일하는 능력을 선물할 보물 상자를 열어줍니다.

여러분은 날마다 리더로 자라고 있습니다. 한번 뒤를 돌아보세요. 틀림없이 수많은 사람이 지금 여러분을 따라오고 있을 것입니다.

현명한 리더의
우선순위
정하기

 벨린다의 선택

벨린다가 교회에서 어린이 반을 맡아달라는 얘기를 들었을 때, 그녀는 거절해야겠다고 생각했습니다. 하지만 생각해보겠다는 약속을 하고 말았어요. 당시 그녀의 생활은 너무 바빴습니다. 그녀는 암벽등반을 배우고 학교 밴드에서 연주를 했는데, 거기서 큰 만족을 느끼고 있었죠. 교내 축구팀과 배구팀에도 들어가려고 테스트 받을 준비를 하고 있었고요. 미식축구 시즌에는 치어리더로 활동했습니다. 그 외에도 학교 숙제, 예배 참가, 가족과의 생활, 친구 관계 등등에도 충실해야 했습니다.

그러나 벨린다는 그 어린이 반에 대해 생각해보면서 점점 자신이 그 일을 하고 싶어 한다는 것을 깨달았습니다. 일의 우선순위를 조정해서 교회 어린이들에게 시간과 에너지를 쏟아 붓는 시도를 해보고 싶었죠. 결국 벨린다는 과감하게 선택을 했습니다. 축구와 배구를 미루고, 어린이 반에 '예스'를 한 것입니다.

벨린다는 리더십에 관한 매우 중요한 걸 배웠습니다. 진정한 리더는 가장 좋은 것에 '예스'라고 하기 위해서 그냥 좋은 것에 '노'라고 할 수 있어야 한다는 것을요.

⏰ 불 꺼진 등대

어떤 등대지기가 바위로 뒤덮인 해안에서 일하고 있었습니다. 이곳은 오래된 등대여서 등대의 불을 기름으로 밝혔습니다. 등대지기는 불을 밝히기 위해 한 달에 한 번씩 기름을 공급받았죠.

어느 날 밤, 마을에 사는 한 여자가 난로가 꺼질 것 같으니 불을 살릴 수 있게 기름을 조금만 달라고 청했습니다. 다음에는 한 남자가 자기 집 안뜰의 램프를 밝히기 위해 기름을 조금 달라고 했습니다. 등대지기는 모든 사람이 만족하기를 바랐습니다. 그래서 그들이 필요하다고 할 때마다 기름을 내주었습니다. 그 달이 끝나갈 무렵, 그는 저장된 기름의 양이 터무니없이 적다는 걸 깨달았습니다. 곧 기름이 떨어지고 등대의 불이 꺼졌습니다. 그리고 그날 밤, 작은 보트 몇 척이 암초에 걸리고 말았습니다.

등대지기는 뭘 잘못했을까요? 그는 기름을 한 가지 목적에만 써야 했습니다. 등대의 불을 밝히는 일 말이에요. 좋은 일을 하려다가 등대지기는 가장 좋은 일을 잊어버린 것입니다.

> **"**
> # 리더는 위기의 순간에
> # 더욱 빛난다
> **"**

"쉽게 화를 내는 사람은 어리석은 짓을 한다.
그러나 총명한 사람은 언제나 침착하다."
잠언 14장 17절

"'사랑한다'는 말 다음으로 세상에서 가장 아름다운 말은 '돕는다'는 말이다."
마사 셔트너(작가, 평화 운동가)

문제 해결의 출발점,
긍정적인 태도

리더십 사다리의 다음 단계는 '문제 해결'입니다. 여러분이 멋있는 리더라면 뒤따르는 사람 모두가 여러분에게서 지혜로운 말을 듣고 싶게 만들 것입니다. 뭘 해야 하는지 또는 어떻게 해야 하는지 모를 때 그들은 여러분에게 올 것입니다. 그 일을 왜 꼭 해야 하는지 이해하지 못할 때 여러분에게 조언을 해달라고 할지도 모릅니다. 여러분은 이런 작은 문제들은 별로 힘들이지 않고 해결할 수 있습니다. 하지만 큰 문제는 어떡하지요? 쉽게 해답이 나오지 않는 문제들은 어떻게 해야 할까요?

십대였을 때 나는 문제 해결에 그리 뛰어난 편은 아니었습니다. 그러다가 대학 시절 다른 사람들이 문제를 해결하게 도와주면서 내가 얼마나 빨리 그들에게 영향을 줄 수 있는지 알았습니다.

하지만 나의 첫 문제 해결 강의는 나 자신의 문제를 해결하는

법을 배우면서 나온 것이었습니다. 나는 두 가지를 실행하겠다고 결심했습니다. 첫째, 긍정적인 태도를 유지하기로 결심했습니다. 둘째, 부모님을 잘 따르기로 결심했습니다. 나는 순종하는 아이가 되었고, 그 흐름을 따라가기로 결정했습니다. 돌이켜 보면, 나는 바로 그 두 가지 원칙에 의해 수많은 문제를 막아낼 수 있었던 것 같습니다. 긍정적인 태도와 순종. 절벽 밑에 병원을 세우는 것보다 절벽 위에 울타리를 세우는 것이 더 낫지요.

문제를 크게 만드는 사람과 큰 문제를 안고 있는 사람 사이에는 아주 다른 세계가 있습니다. 때때로 돌이킬 수 없는 일들이 일어나기도 합니다. 예를 들면 심각한 질병, 불구, 혹은 사랑하는 사람의 죽음 같은 것들입니다. 이런 문제들은 인생의 어려운 부분들입니다. 그러나 그것들 때문에 여러분이 멈춰야 한다는 뜻은 아닙니다. 여러분은 문제 풀이를 위해 도움이 되는 것에 도달하는 길, 아니면 좋은 것에 도달하는 길을 언제든지 찾을 수 있습니다. 레몬은 그냥 먹기에는 너무 신 과일입니다. 그러나 그 즙으로 맛있는 레모네이드를 만들 수 있습니다. 불완전한 물건으로 완전한 것을 만드는 것이죠.

짐 애버트는 야구를 타고난 듯 잘했다. 조그만 아이였을 때부터 공을 잡고 던지는 연습을 하기 위해 벽돌로 된 벽에 공을 튀기면서 몇 시간씩 보냈다. 역시나 리틀 야구팀에 들었으

며, 첫 게임에서 투수로 나와 안타를 하나도 맞지 않은 노히트 게임을 펼쳤다. 고등학교 미식축구 팀에서는 인기 있는 쿼터백, 초·중·고등학교 야구팀에서는 투수를 했다. 그리고 교내 농구 대회를 우승으로 이끌기도 했다. 짐은 고교 투수로서 충분히 가능성을 보여주어 프로 야구 팀 토론토 블루제이스에 뽑혔다. 그는 정상적인 고등학교 학생이었다……. 잠깐, 아니다……. 짐 애버트는 평범한 아이는 아니었다. 태어날 때 팔이 하나뿐이었으니까!

짐은 야구 장학생으로 미시간 대학에 갔다. 그리고 미국 대표팀 선수가 되어, 미국 최고 아마추어 야구 선수로 미국 야구협회의 골든 스파이크 상을 받았다. 1988년 서울 올림픽에 투수로 참가해 경기를 펼치기도 했다. 그 뒤 그는 캘리포니아 에인절스, 뉴욕 양키스, 시카고 화이트삭스 선수로 메이저리그에서 뛰었다.

많은 사람이 짐에게 더 이상 운동을 하지 말라고 했습니다. 그러나 짐은 듣지 않았습니다.

"그게 얼마나 어려운 일이 될지 전혀 몰랐어요. 저는 그저 가능할 거라고만 생각했었죠."

이렇게 말하는 짐은 요즘 장애가 있는 아이들과 소통하며 도움을 주려 노력하는 한편 리틀 야구단 분야에서 일하고 있습니다.

여러분이 문제에 대해 생각하는 방식과 느끼는 방식은 문제를 해결하기 위해 무엇을 할 것인가를 결정하는 데 도움이 됩니다. 문제라는 것은 모두 '태도'에 대한 것입니다. 여러분은 부정적인 방법으로도 혹은 긍정적인 방법으로도 문제들과 마주칠 수 있습니다.

마이클 J. 폭스는 커다란 문제를 안고 있는 또 하나의 인물입니다. 그러나 긍정적인 태도로 그는 모든 문제를 이겨내고 성공적으로 살고 있습니다.

마이클 J. 폭스는 〈스핀 시티〉나 〈패밀리 타이스〉 같은 TV 드라마, 〈백 투 더 퓨처〉 등의 영화에 출연한 인기 있는 배우입니다. 그러나 그는 사실 파킨슨병으로 고통을 당하고 있습니다.

파킨슨병은 근육의 움직임을 조절하는 뇌세포가 파괴되는 병으로 지금으로서는 고칠 수 없는 병입니다. 이 병 때문에 마이클은 몸 전체가 흔들리고 떨리는 걸 감당해야 했습니다. 연기하는 데 치명적이었지요. 게다가 이 병은 보통 나이 든 사람들이 걸리며, 마이클처럼 젊은 사람에게는 아주 드뭅니다.

그럼에도 마이클은 긍정적인 태도를 잃지 않았습니다. 그는 병 앞에 무릎을 꿇기를 거절했습니다. 의사가 뭐가 잘못됐는지 설명할 때, 그는 무릎 꿇고 "세상에, 이건 너무해"라고 말하는 대신 "오, 이건 전혀 생각도 못 한 일인데요"라고 말했습니다.

마이클은 다른 사람을 돕기 위해 그의 시간과 긍정적 태도를

활용하려고 주간 텔레비전 시리즈를 그만두었습니다. 그는 파킨
슨병 연구 기금을 모으기 위해 마이클 J. 폭스 재단을 세웠죠.

마이클이 자신의 문제를 느끼고 생각하는 방식은 문제에 대해
필요한 일을 하게 이끌고 있습니다. 그것은 긍정적 사고의 성공
적인 모습입니다.

다운증후군이 있는 코리 포렘스키라는 사람도 있습니다. 열세
살 된 코리 포렘스키는 다운증후군을 가진 35만 명의 미국인 가
운데 한 사람입니다. 다운증후군이란 정신 발달을 지연시키는 상
태를 말합니다. 하지만 코리는 그 장애가 미래의 목표를 가로막
지는 못하게 하겠다고 결심했습니다.

"내 미래는 교육에 달려 있다. 나는 또렷하게 말을 하고 싶
다. 커서 어른이 되었을 때 좋은 직업을 갖고 싶다. 좋은 생활
을 하고 싶다. 사람들이 내 능력을 알아보고 내가 할 수 있는
게 뭔지 알아주었으면 한다……."

코리는 국민 청원서에 백만 명의 서명을 받아 다운증후군을 위
해 상당한 역할을 했습니다. 그 청원서에서 그는 IDEA(장애인 교
육법)를 의결해달라고 국회에 요청했습니다. IDEA는 배우는 데
장애가 있는 어린이를 가르칠 때 그 비용의 40퍼센트를 연방 정
부가 지불하게 했습니다.

다운증후군 같은 장애가 있는 사람들을 위해 세상을 더 좋은 곳으로 만들고 싶다는 코리. 그는 또 하나의 긍정적인 태도를 몸소 보여줍니다. 이들처럼 올바른 태도를 갖는다는 것은 리더십의 큰 부분입니다. 다음 장인 7장에서 이에 대해 자세히 다룰 것입니다.

이렇듯 많은 사람이 커다란 문제를 안고도 훌륭하게 살아가고 있습니다. 그런 사람들의 태도는 3장에 나온 '이건 절대로 안 될 걸?'이라고 생각하는 사람들과 어떻게 다를까요? 그들은 돌아섰습니다. 우리 주위에는 그런 사람이 많아요. 그들의 '문제'는 그들의 진짜 문제가 아니죠. 그들의 진짜 문제는 작은 문제에 부정적으로 반응해서 큰 문제로 만들어버린다는 것입니다.

정말로 중요한 것은 여러분에게 무슨 일이 일어나고 있느냐 하는 것이 아니라, 여러분 안에 무슨 일이 일어나고 있느냐 하는 것입니다. 어떤 '문제'가 여러분을 잠시 멈추게 할 수는 있습니다. 그러나 문제를 영원히 멈춰버리게 할 수 있는 사람은 여러분 자신뿐입니다.

청소년들이 문제라는 걸 인정하고서 풀려고 노력할 수 있는 것은 많습니다. 동네 주위를 둘러보세요. 고칠 필요가 있는 것들을 발견할 수 있을 겁니다. 그것이 린다 아네이드와 앤드루 리어리가 했던 일입니다.

고등학생인 린다 아네이드는 지역 신문에서 기사를 읽다가 문제를 하나 발견했다. 그녀가 사는 동네의 부패 탱크(박테리아를 이용해 하수의 독균을 없애는 물 저장소)가 지하수를 오염시키고 있다는 기사였다. 그녀는 사람들이 오염된 물을 마실 수 있다는 생각에 충격을 받았다. 그래서 4백 개에 달하는 우물물을 테스트할 자원 봉사자를 모았다. 테스트를 해보니 부패 탱크 가까운 곳에 있는 우물은 박테리아가 기준치를 초과한 것으로 나왔다. 린다는 행동에 들어가 주민들에게 위험하다고 경고했다. 나아가 그녀의 자료는 그 지역의 주택 소유자와 공무원들에게 제시되었다. 그 결과 린다가 사는 지역에서는 우물 근처의 부패 탱크에 대해서 엄격한 규정이 적용되었다.

앤드루 리어리가 문제를 발견한 것은 미국의 굶주림에 대한 학교 숙제를 하고 있을 때였다. 다른 지역에서는 굶주림이 문제가 되지 않는다는 걸 그는 알았다. 그것은 그가 살고 있는 지역에만 있는 문제였다. 그 문제를 풀기 위해 앤드루는 그 상황이 얼마나 널리 확산되어 있는지 알아보려고 조사를 하고 그것을 한데 모아 체계적으로 정리했다. 그리고 그 결과를 지역의 주요 인사들에게 보여주었다. 그의 노력 덕분에 청소년들과 어른들은 앤드루의 고향에서 굶주린 사람들을 위해 지속적으로 운영되는 무료 급식소를 만들기로 뜻을 모았다.

자, 이제 여러분의 리더십 노트를 꺼내세요. 그리고 거기에 여러분이 해결할 수 있다고 느끼는 문제를 세 가지만 써보세요. 그것들은 여러분이 사는 동네에서 문제가 될 수 있는 것들입니다. 학교에서 문제되는 것들, 교회나 집에서 문제되는 것들도 있겠죠. 예를 들면 이런 식으로 구성할 수 있습니다.

내가 문제 해결에 어떤 역할을 할 수 있는 것들

· 나이 많은 이웃집 할아버지의 정원에 웃자란 잔디

· 글을 잘 읽지 못하는 내 동생

· 우리 지역 행사의 자원봉사자 부족

뿌리까지 파고들자

문제가 떠오르기 전에 그것을 알아내는 능력은 좋은 리더를 알아볼 수 있는 표시입니다. 그것은 여러분이 올바른 행동 계획을 세우기 전에 무엇이 문제인지에 대해 명확한 생각을 가져야 한다는 뜻입니다. 6장에 나오는 사람들은 모두 계획을 행동으로 옮기기 전에 그 문제를 잘 알고 있었습니다. 멋있는 리더라면 어떻게 문제를 파악해야 하는지 배우는 것이 중요합니다.

많은 사람이 문제의 뿌리에 이르는 방법을 모릅니다. 우리가 범하는 큰 실수는 원인보다 증상을 공격한다는 것입니다.

페드로는 어느 날 아침 일어났더니 머리가 아팠습니다. 그래서 아스피린을 두 알 먹었죠. 조금 있으니까 두통이 사라졌어요. 몇 시간 뒤에 전보다 더 심한 두통이 찾아왔어요. 그래서 페드로는 아스피린을 두 알 더 먹었습니다. 다시 두통은 사라졌습니다. 이

것이 며칠 동안 계속되었습니다. 마침내 아스피린은 더 이상 도움이 되지 않게 되었습니다. 페드로는 걱정이 되었습니다.

"뭐가 문제지?"

두통이 너무 심해져서 그는 서둘러 병원 응급실로 갔습니다. 두통의 원인은 뜻밖에도 사랑니가 곪았다는 것이었습니다.

증세를 없애는 것이 치료에까지 이르지는 못한다는 것을 알았죠? 일의 뿌리에 도달해야 합니다. 문제의 뿌리에 도달하기 위해서는 여러분은 어떤 질문을 해야 할지, 누구에게 질문을 해야 할지, 그리고 중요한 사실들이 뭔지 알아야 합니다. 그런 다음 개입해야 합니다!

1. 올바른 질문을 하라

린다 아네이드와 부패 탱크 문제에 대해 생각해봅시다. 만약 린다가 자신에게 '여기서 무슨 일이 일어난 거지?' 따위의 희미한 질문을 했다면, 그래서 더 이상 진전이 없었다면, 그녀는 다음과 같은 식으로 그 문제를 한정하고 말았을 것입니다.

'우리 동네에 있는 부패 탱크는 지하수를 오염시킨다.'

하지만 그 대신 린다는 스스로 문제의 뿌리에 이르는 질문을 했습니다.

'누군가 오염된 지하수 때문에 해를 당할 수 있을까?'

'해를 당한다면 어떤 식으로 당할까?'

'어느 곳이 오염이 가장 심할까?'

'이 문제에 대해 더 알아보는 것이 왜 중요할까?'

'더 알아보는 일을 누가 도울 수 있을까?'

이 질문들에 대답을 하게 되면서, 린다는 일의 뿌리에 이르러 문제를 다음과 같이 더욱 명확하게 규정할 수 있었습니다.

'우리 동네에 있는 부패 탱크는 지하수를 오염시킨다. 오염된 물은 식수를 오염시킨다. 사람들이 오염된 물을 마시면 병이 들지도 모른다.'

이런 질문과 대답은 명확해야 합니다. 누가, 무엇을, 언제, 어디서, 왜 그리고 어떻게 했는가에 대답이 나오는 질문을 해야 합니다. 그것이 올바른 질문, 제대로 된 질문입니다.

2. 적절한 사람에게 물어라

3장에서 이야기한 바보짓이 여기 다시 나옵니다. 일이 될 수 없는 이유를 백만 가지나 가지고 있는 사람입니다. 그런 사람을 주의해야 합니다. 그들은 '난 더 잘 알고 있어'라는 식의 태도

를 가지고 있죠. 그들은 종종 변화에 저항합니다. 그리고 그것은 문제의 뿌리에 이르는 길목에서 튀어나올 수 있습니다.

여러분이 문제를 명확히 규정할 필요가 있다면 문제 해결에 적절한 사람에게 물으세요. 여러분이 문제를 제대로 이해하고 해결할 힘을 얻게 도와줄 사람이 누구인지 자신에게 물으십시오. 부모님, 선생님, 형제자매, 그 분야의 전문가, 친구 등 우리 주위에는 도움을 줄 사람이 얼마든지 있습니다.

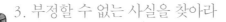

3. 부정할 수 없는 사실을 찾아라

일단 사실들이 명확하면, 문제 해결법은 여러분을 향해 갑자기 모습을 보일 것입니다. 말해주지 않은 것을 들어야 합니다. 중요한 사실을 모아야 합니다.

맨 처음 문제를 접했을 때 느낀 점이나 겉으로 드러난 사실에 매몰되거나 머무르지 마십시오. 더 깊게 파고들면 명백한 사실들이 보일 것입니다. 질문을 하고 정보를 모아 놀라운 결론에 도달하는 것이지요.

사실들이 모아졌는지 확인하세요. 확실한 사실들을 얻는 것이 올바른 행동 계획으로 여러분을 인도합니다.

4. 한걸음 더 들어가라

대부분의 문제는 처음에 보이던 모습과는 다릅니다.

마르타는 학교 버라이어티 쇼를 위해 댄스 프로그램의 안무를 짜기로 했습니다. 예행연습 첫날, 일이 엄청나게 꼬였습니다. 특정한 부분에서 댄서들이 부딪치면서 서로 엉겨버리는 것입니다.

"다시 해봅시다."

마르타가 제안했습니다. 같은 일이 반복되었습니다. 마르타는 어떻게 된 건지 확실하게 몰랐습니다. 그래서 그녀는 댄서들의 자리에 대신 들어가보기로 했습니다. 직접 해보니 댄서들에게 문제가 있는 게 아니라는 걸 금방 깨달았습니다. 문제는 그녀의 안무에 있었습니다. 몇 가지 수정을 하고 나자 댄서들의 움직임이 매끄러워졌습니다.

먼저 질문을 하지 말고 확실한 사실들을 모으세요. 과정에 직접 끼어드세요. 그리고 문제가 어디에 있는지 살펴보세요.

차근차근 **해결**하기

이제 여러분의 리더십 열쇠를 꺼낼 때가 되었습니다. 하나 이상의 문제와 마주쳤을 때 일의 우선순위를 결정하는 법에 대해 이야기한 것 기억하죠? 그 열쇠는 문제 해결에도 반드시 필요합니다. 일단 진짜 문제가 뭔지 알면 여러분은 그걸 종류와 순서에 따라 바로잡아야 합니다. 모든 문제를 단번에 풀려고 하지 마세요. 하나씩 중요한 순서대로 여러분 앞에 그것들을 한 줄로 세워 놓으세요. 다음의 예를 볼까요?

어느 일류 조종사가 비행기를 조종하고 있는데, 비행기에 몇 가지 문제가 생겼다. 엔진이 떨어져 나가고 자동 조종 장치도 고장이 났다. 나머지 다섯 가지 문제들은 다음과 같다.

· 승객이 승무원을 부르는 단추를 누르면 조종사가 자리에서 튕겨 날아가버린다.

· 화장실의 물을 내리면 아이오와 주의 어디쯤인지 알 수 없는 곳에 화물이 떨어져버린다.

· 창문의 40퍼센트에는 햇빛 가리개가 없다.

· 조종사가 착륙 기어 버튼을 누르면 기내 영화가 거꾸로 돌아간다.

· 비행기의 두 날개가 같은 쪽에 붙어 있다. ☆

어떻게 이 문제들을 중요한 순서대로 세울까요?

너무 고민하지 마세요. 이 상황에서는 어쩔 수 없어요. 왜냐고요? 중대한 결함이 있기 때문입니다. 비행기 디자인의 결함! 문제의 우선순위를 결정하는 일이 늘 쉽지는 않다는 사실을 여러분에게 보여주기 위해 바보 같은 예를 들었을 뿐입니다. 작은 문제를 풀기 위해서 여러분은 큰 문제를 먼저 풀어야 합니다. 이런 경우, 비행기를 위해 새 디자인을 채택하는 것이 가장 큰 일입니다.

좋은 리더는 듣기 좋은 계획만을 진행하지 않습니다. 좋은 리더는 뭘 할지 결정하기 전에 모든 가능한 해결 방법에 무게를 둡니다. 아래에 제시한 것이 바로 적절한 실행 계획을 결정하기 전에 리더가 고려해야 할 질문들입니다.

문제에 대해 가능한 한 많은 해결 방법을 목록으로 만드세요. 해결 방법이 많으면 많을수록 더 좋습니다. 거의 언제나 문제에는 좋은 해결법이 하나 이상 있다는 걸 발견할 겁니다. 멋있는 리더의 임무는 가장 좋은 해결법을 찾는 것입니다. 그렇더라도 다른 해결법들을 쓰레기통에 던져버리지 마세요. 일이 제대로 안될 때는 대체할 수 있는 백업 플랜이 필요하니까요.

훌륭한 리더는 늘 뒤따르는 사람들을 끌어안습니다. 훌륭한 리더는 왕이라기보다는 코치와 더 비슷합니다. 다른 사람에서 최고의 실력을 끌어내고, 그들이 자신의 내부 깊숙이 도달해 그들 자신이 이룰 수 있는 최상의 모습을 발견하게 도와주는 코치 말입니다. 왕은 그저 명령만 내릴 뿐이지요.

훌륭한 리더는 마음속에 뒤따르는 사람들의 가장 큰 관심사를 기억할 뿐만 아니라, 의사 결정과 문제 해결에 뒤따르는 사람들도 참여하게 합니다. 그들도 문제 해결에 한 부분을 담당했다고 느끼게 하는 것이 중요하다는 걸 잊지 마세요.

자, 여러분은 이제 이렇게 말하겠군요. 지금 막 문제 해결에 관한 속성 강좌를 완전히 마쳤다고. 날마다 여러분은 리더십 사다리 위로 점점 더 높이 올라가고 있습니다. 그리 오래 걸리지 않아서 여러분은 꼭대기에 다다를 겁니다.

문제를 뛰어넘어 힘껏 도약하기

 헤더 화이트스톤

헤더 화이트스톤의 문제는 그녀가 태어난 지 18개월쯤에 시작되었습니다. 박테리아 감염으로 거의 죽을 뻔했죠. 그 바람에 그녀는 청각을 거의 잃었습니다. 하지만 그녀의 어머니는 수화 대신에 말하는 법을 배우라고 고집했습니다.

소리가 들리지 않는 채로 말을 익히기란 상상 이상으로 힘든 일이었죠. 그녀가 자기 이름을 똑똑히 발음할 수 있게 되기까지는 6년이 걸렸습니다. 그리고 헤더가 십대 초반일 때, 부모님이 이혼을 했습니다. 힘들었지만 헤더는 포기하지 않았습니다. 늘 그녀가 외치는 구호는 "난 할 수 있어!"였습니다. 귀가 들리지 않는 것도, 친구들의 괴롭힘도, 그녀 앞에 놓인 어떤 어려움에도 그녀는 무릎을 꿇지 않았습니다.

그녀는 잭슨빌 주립대학에 진학해 회계학을 공부했습니다. 그리고 1994년에는 앨라배마 주의 미인대회에서 미스 앨라배마로 당선되었죠. 일 년 뒤, 헤더 화이트스톤은 어렸을 때부터 간직해 온 꿈을 이루었습니다. 미스 아메리카가 된 것입니다. 그녀는 미스 아메리카의 왕관을 쓴 첫 번째 장애인이었습니다.

🕐 나만의 레모네이드를 완성한 사람들

많은 사람이 자신의 단점이나 역경을 이겨내고 한층 높게 도약하는 데 성공합니다. 유명한 사람들 중에서도 많이 찾아볼 수 있지요.

> · 마리 매틀린(배우) : 청각 장애인
>
> · 이차크 펄먼(바이올리니스트) : 소아마비
>
> · 말라 루니언(육상 선수) : 맹인
>
> · 마이크 어틀리(미식축구 선수) : 척수 상해 마비
>
> · 월트 디즈니(디즈니월드 창립자) : 실독증(지능이나 발성기관에는 아무런 장애가 없으나 글을 읽고 이해할 수 없는 병적 상태)
>
> · 스티비 원더(가수) : 맹인
>
> · 알베르트 아인슈타인(과학자) : 실독증
>
> · 요한 바오로 2세(종교 지도자) : 파킨슨병

CHAPTER

7

66
자기 훈련으로
의지력과 책임감을 키워라
99

나는 진실하고 싶다. 나를 믿는 사람들이 있기 때문에.
나는 강해지고 싶다. 고통받는 사람들이 있기 때문에.
나는 용감하고 싶다. 도전해보고 싶은 것이 많기 때문에.
나는 친절하고 싶다. 적에게, 친구 없는 사람들에게, 모두에게.
나는 베풀고 싶다. 그리고 그 선물을 잊어버리고 싶다.
나는 겸손하고 싶다. 내가 약하다는 걸 알기 때문에.
나는 큰 뜻을 품은 사람, 늘 웃는 사람, 사람을 사랑하는 사람,
나날이 향상되는 사람이 되고 싶다.
하워드 월터 플로리(영국의 의사, 노벨 의학상 수상자)

"자기 조절을 못 하는 사람은 성벽이 무너져버린 도시와 같다."
잠언 25장 28절

나는 좀더 나아질 거야

자기 훈련, 의지력, 자기 조절 또는 절제. 뭐라고 부르건 간에 그건 여러분의 생활을 단단히 붙잡는다는 뜻입니다. 여러분이 자신을 스스로 이끌어갈 수 없다면 뒤따르는 사람들을 이끌어갈 수 없습니다.

좋은 리더는 자기 조절이 가능한 상태를 유지하는 것이 중요하다는 걸 알고 있습니다. 언제나 쉽게 되는 일은 아니죠. 그것은 집안일이 널려 있는데 텔레비전을 보는 것일 수도 있고, 숙제를 해야 하는데 친구들과 놀면서 시간을 보내는 일일 수도 있고, 방을 청소해야 하는데 컴퓨터 채팅을 하는 것일 수도 있습니다. 자기 컨트롤을 하지 많으면 욕망에 지게 됩니다. 해야 할 일에서 여러분을 끌어내리는 것 말입니다.

자기 컨트롤은 여러분이 준비되어 있는 리더, 책임감 있는 리

161

더가 되는 데 도움이 됩니다. 자기 훈련이 된 리더는 이뤄야 할 목표에 초점을 맞추어 일을 하는 방법을 알고 있습니다. 그런데 그것은 말처럼 쉽지 않아요. 다음 문장을 읽어보세요.

"되돌아보면 내 인생이란 장애물이 많은 긴 코스였던 것 같다. 내가 가장 큰 장애물로 자리 잡고 있다." - 잭 파(토크쇼 진행자)

우리들 대부분이 여기에 해당될 것입니다.

생활 조절이 잘 안 됩니까? 그렇다면 여러분은 자신의 최악의 적일 수 있습니다. 그래요. 많은 리더가 실패하는 이유는, 외부의 문제보다 내부의 문제 때문입니다. 자신의 내부를 들여다보세요. 여러분은 자신이 이룰 수 있는 수준 정도도 되지 않을 수 있습니다. 생활의 어떤 영역이 조절이 안 되기 때문입니다.

린은 몸매 가꾸기 운동에는 세 가지 단계가 있다고 생각했다. 선수 단계, 재미로 즐기는 단계, 그리고 소파의 뚱보 단계. 그녀는 마지막 범주에 속했다. 린은 스포츠라면 잘 맞지 않았다. 당연히 체육 시간을 싫어했다. 그녀에게 운동은 수업이 아니라 공개적인 모욕이다. 그래서 린은 자신의 문제와 맞서기보다는 포기를 선택했다. 그녀는 과자 봉지를 들고 자리 잡고 앉아 '소파의 뚱보'가 되는 인생을 받아들였다. 몇 달이

지났다. 린의 체육 점수는 D로 떨어졌다. 체육 과목에 낙제하지 않으려면 일정 시간 동안 50미터 달리기를 해야 했다. 그녀의 몸 상태로는 50미터 달리기를 할 수 없었다. 하지만 그걸 하지 않으면 그녀는 여름방학 때 체육 보충 수업을 받아야 했다.

린은 훈련을 시작했다. 먼저 점프를 하며 준비 운동을 좀 하고 2킬로그램 무게의 바벨을 들었다. 그런 다음 걸었다. 그다음에는 뛰었다. 오래지 않아 린은 굉장한 느낌을 받았다! 자신이 정말로 운동을 즐기는 것이었……. 린은 50미터 달리기 시험에 문제없이 통과했다. 요즘 그녀는 마라톤을 즐기고 있다! ✫

종종 자기 훈련의 하나로 하고 싶지 않은 것을 해보면 자기가 진정으로 원하는 것을 얻는 기회가 됩니다.

여러분, 이런 얘기 많이 들어봤죠? '오늘'은 앞으로 살아갈 날들의 첫 번째 날이라는 이야기요. 하도 들어서 귀가 아프다고요? 하지만 사실이잖아요. 오늘은 절제 훈련을 하기에 가장 좋은 날입니다. 지금 시작하지 않으면 절대로 시작할 수 없을 거예요.

여러분은 자신의 생활을 다잡는 데 많은 노력을 들이고 있습니다. 하지만 모든 것을 한꺼번에 할 필요는 없어요. 작은 걸음으로 해나간다면 자기 훈련에 대해 더 많은 걸 배울 겁니다.

우주 비행사 닐 암스트롱은 달에서 걸은 최초의 사람이었죠. 달 표면에 발을 내려놓았을 때 그는 이렇게 말했습니다.

"사람에게는 작은 한 걸음이지만, 인류에게는 거대한 도약이다."

우주 계획은 작은 발걸음들을 한곳으로 모아 커다란 것을 만드는 좋은 예입니다. 먼저 사람이 없는 로켓을 쏘아 올립니다. 그 다음에 원숭이를 우주로 보내 사람에게 안전한지 살핍니다. 그 다음에 사람이 우주 캡슐 안에 타고 지구 궤도 비행을 합니다. 마지막으로 사람이 달 위를 걷습니다. 위대한 일에는 시간이 필요합니다. 그것은 하룻밤 사이에 일어나지 않습니다.

여러분의 리더십 노트를 꺼내세요. 그리고 자기 생활에서 개선하기를 원하는 일들을 세 가지만 적어보세요. 그것들을 중요한 순서대로 정리해보세요. 이제 한 번에 하나씩 상대해야 합니다. 다음처럼 말이에요.

나 자신에게서 개선하고 싶은 일들

· 동생과 사이좋게 지내고 싶다.

· 수학 성적을 더 올리고 싶다.

· 지각하는 습관을 고쳐 시간을 잘 지키고 싶다.

자기 훈련의
준비를 위한 지도

　준비되었다는 것은 자기 훈련 상태의 중요한 부분입니다. 여러분은 브리트니 스피어스가 어떤 노래를 부를 차례인지도 모르고 무대에 나간다는 게 상상이나 됩니까? 국제 영화제 사회자가 무대에 올랐는데 진행 순서를 모른다면 어떻게 되겠습니까? 그들은 준비가 되어 있습니다. 그들은 우선순위를 올바로 잡습니다. 그들이 해야 할 일의 중간에 다른 일이 끼어들지 않게 합니다. 그것이 바로 리더입니다.

　여러분이 준비되어 있지 않으면 따르는 사람들은 여러분을 좋은 리더로 보지 않을지도 모릅니다. 하지만 준비가 되어 있으면, 여러분은 특별한 힘이 있는 것과 같습니다. 목적이 무엇인지 알고 걸으며, 일의 우선순위가 마음속에 명확하며, 복잡한 일도 수월해 보이는 방법으로 일을 하게 됩니다. 준비가 되어 있으면 사

람들이 여러분의 약속을 믿습니다. 끝까지 해내기 때문입니다. 여러분의 계획에 따라 행동을 취하면 일은 제자리를 잡습니다. 여러분은 매끄럽게 한 단계씩 시간을 허비하지 않고 옮아갑니다. 그리고 무엇보다도 사람들이 여러분을 따르게 됩니다!

다음의 다섯 가지는 자기 훈련을 제대로 실천하기 위해 갖추어야 할 사항들입니다. 하나씩 나에게 적용해보세요.

1. 우선순위를 정하라

우선순위. 우선순위를 정하는 것은 중요한 순서대로 일을 단순하게 배열하는 것입니다. 그런데 배열할 뿐만 아니라, 그 일에 대한 책임을 안는 것이기도 합니다. 쉬울 것 같지요? 하지만 우선순위 설정은 때로는 어렵습니다. 재멀과 마르티나의 이야기를 볼까요?

재멀은 초등학교 6학년인데, 자신이 집에 눌러앉아 시험공부를 하기 위해 캠핑 여행을 거절한다면 친구들이 어떻게 생각할까 걱정하고 있다. 초등학교에 다니는 동안 줄곧 그는 올 A학점을 받은 학생이었다. 그에게 성적은 중요하다. 그러나 이제 친구들의 압력을 처리해야 한다. 숙제를 하는 것보다 친구들과 지내는 것이 더 멋있는 일이긴 하다.

마르티나 역시 걱정하고 있다. 해야 할 일이 너무 많기 때문

166

chapter 7 자기 훈련으로 야무지고 책임감을 키워라

이다. 그녀는 축구 팀, 교회 성가대, 학교 학생회, 프랑스어 클럽에 들어 있다. 그리고 일주일에 이틀은 동물 애호 협회에서 자원 봉사를 하고 있다. 마르티나는 늘 스트레스를 받는다. 하지만 그녀가 하는 활동 중 어떤 걸 포기하면 친구들을 자주 볼 수 없게 된다. 그래서 그녀는 말은 않지만 걱정이 된다. 친구들과 사이가 멀어지면 어떡하나 하고.

요즘의 십대들은 어려운 선택에 직면해 있습니다. 하지만 주위를 둘러보면 진정한 리더들은 십대 청소년인데도 훌륭히 해낸다는 것을 알게 될 것입니다. 재멀과 마르티나는 둘 다 훌륭한 리더들입니다. 재멀은 캠핑 여행을 가기 일주일 전에 좋아하는 텔레비전 쇼를 보지 않고 대신 공부를 한다면 시험 준비를 제대로 할 수 있을 거라고 결론을 내렸습니다. 그렇게 하고 나면 캠핑 갈 시간이 난다고 생각했습니다. 마르티나는 내키지 않았지만 프랑스어 클럽에 참석하는 걸 포기했습니다. 그러자 그녀는 스트레스를 덜 받게 되었습니다. 이런 결정들은 재멀이나 마르티나에게 쉽지 않았습니다. 하지만 그들은 자신들의 생활을 조절하기 위해 해야 할 일들을 했습니다.

우리는 가끔 아주 난처한 경우를 당합니다. 그러나 준비가 되면 난처한 상황을 피할 수 있습니다. 준비가 되어 있으면 어떤 일이 더 필요한지 아니까요. 여러분은 중요한 정도에 따라 일의 순

서를 정해야 합니다. 한 번에 하나씩만 계획을 실행해야 합니다.

2. 자신을 위해 작동하는 규칙을 만들어라

준비를 갖추면 리더가 제시간에 참석하게 되고, 일들을 깜빡하지 않게 됩니다. 일들을 적어보고 달력에 중요한 날들을 표시해두면 준비하는 데 도움이 됩니다. 규칙을 만드는 것은 해야 할 일의 목록, 인터넷 검색 엔진, 그리고 워드프로세서 소프트웨어처럼 여러분의 도구입니다. 그것들이 여러분을 위해 작동하게 만드세요. 그것들은 여러분이 일을 더 잘하게 도와줍니다. 그리고 시간을 절약해줍니다.

3. 예상 못 한 것을 예상하라

야외에서 뭘 하려고 계획했는데 비가 내린 적이 있죠? 혹은 텔레비전에서 정말 재밌는 모험 영화를 한창 보는데, 친구가 쇼핑몰에 가자고 불러낼지도 모릅니다. 그리고 아이스크림을 먹으려고 냉장고 문을 열었는데 동생이 먼저 다녀간 걸 알게 되었던 때는 어떻습니까?

인생은 놀라운 일로 가득합니다. 준비된 리더는 예상치 못한 것을 예상하고 있습니다. 그리고 그것을 처리할 준비가 되어 있습니다. 때로 그것은 계획을 바꾼다는 의미이기도 합니다. 또는 그것에 시간을 더 많이 들여야 한다는 뜻이기도 합니다.

4. 일할 장소를 준비하라

컴퓨터 없는 세상을 상상해보세요! 스캐너도 없다! CD도, VCR도, DVD도, 또 비디오 게임도 없다! 어떨까요? 그건 부모님들이 어린이였을 때의 세계입니다. 1940년대의 스파이는 요즘 학생들이 가지고 있는 것보다 못한 장비들을 가지고 있었습니다. 모든 문서는 직접 손으로 작성하거나 타자기로 쳐야 했지요. CD나 웹하드 대신 파일 보관함, 서랍 속에 빽빽한 서류철이 일반적이었고요. 생각해보세요. 그게 여러분이 살기 원하는 방식입니까?

오늘날의 기술력은 제공된 도구를 모두 사용할 수 있는 법을 배우기만 한다면 일을 쉽게 만들어줍니다. 지저분한 작업장 때문에 미안해할 필요가 없죠. 훌륭한 리더는 일을 멋있게 합니다. 그 말은, 필요할 때 재빨리 물건을 찾을 수 있다는 뜻입니다.

5. 행동이 아니라 결과에 초점을 맞추어라

준비된 리더는 마지막 결과에 시선을 고정합니다. 그는 확실하게 일을 끝마치기 위해 제대로 일을 합니다. 우선순위를 설정해 가장 중요한 것을 놓치지 않고 지켜봅니다.

자기 훈련을 하는
리더의 키워드, 책임감!

자기 훈련을 하는 리더는 '책임감' 있는 리더입니다. 그들은 뒤따르는 사람들이 한 것에 대해서뿐만 아니라 자신들이 한 것에 대해서도 책임을 집니다.

예수는 "많이 받은 사람은 그만큼 많은 책임을 질 것이다. 더 많이 받은 사람에게는 더 많은 것을 기대하게 될 것이다.(누가복음 12장 48절)"라고 말했습니다. 잠깐만 그것에 대해 생각해봅시다. 리더가 되면, 훨씬 많은 것을 그에게 기대하게 됩니다. 여러분은 책임을 졌습니다. 그리고 제대로 된 일을 제대로 하는 것이 여러분이 할 일입니다. 다음 이야기를 보세요.

브룩은 학교 자문 위원회가 그녀의 요리 동아리 예산을 엄청나게 깎아버렸다는 걸 알았다. 그래서 가만히 있으면 안 되

겠다고 결심했다. 그녀는 선생님의 허락을 얻어 자문 위원들을 위한 특별 식사를 준비했다. 그래서 요리 동아리가 하는 일에 대해 명확하게 알릴 수 있게 되기를 바랐다. 그리고 이건 그녀의 희망 사항인데, 위원들이 예산을 그대로 유지하게 되기를 바랐다.

그녀의 선생님은 자문 위원 이름과 주소 목록을 주었다. 브룩은 작업에 들어갔다. 요리 동아리와 모임을 갖고 함께 식단을 짜고 초대장을 디자인했다. 짧은 시간에 해야 할 것들이 많았지만 결국 해볼 만하다고 브룩은 믿었다.

초대의 날이 되자 모두들 바빴다. 테이블이 차려지고, 이름표가 각 자리에 놓여졌다. 학교 주방은 맛있는 냄새로 가득했다. 그러나 식사 시간이 되었을 때 손님은 단지 몇 명만 나타났다. 모두 깜빡했나? 아니었다. 브룩은 식사 준비 계획을 짜느라 너무 바빠서 이벤트 3일 전까지 초청장 보내는 걸 잊었다. 그때쯤 대부분의 자문 위원들에게는 그날 밤 다른 계획이 잡혀 있었다! ★

자신의 실수를 알았을 때 브룩은 어떻게 했어야 했을까요? 초청장을 보내기 전에 자문 위원들에게 전화를 해서 참석할 수 있는지 물어볼 수도 있었습니다. 아니면 동아리 회원들에게 자신의 실수를 인정하고 계획을 다시 잡을 수도 있었습니다.

다음 이야기에 대해서도 생각해보세요.

브래드는 이웃집 아이들을 돌봐주는 아르바이트를 하고 있었다. 그는 아이들을 데리고 나가 공놀이를 했는데 날씨가 추워지기 시작했다. 그래서 따뜻한 스웨터를 몇 벌 가져오려고 집 안으로 들어갔다. 그때 갑자기 무언가 깨지는 소리가 들렸다! 거실로 달려가보니 바닥이 온통 유리 조각이었다. 창문이 깨진 것이다. 카펫 위에 공이 있었다. '이건 내 잘못이 아니야'라고 브래드는 생각했다.

브래드의 태도는 무엇이 잘못되었을까요? 그는 그날 아이 돌보는 당번이었습니다. 그는 책임이 있는 사람이었습니다. 브래드가 사과만 하면 될까요? 아니면 깨진 유리창에 대해 책임을 져야 할까요? 각자 논리적인 답을 생각해봅시다.

네, 맞아요. 브래드는 깨진 유리창에 책임이 있습니다. 그는 밖에 아이들만 두었습니다. 아이 돌보는 사람은 그렇게 하면 안 된다는 걸 알면서도 말입니다. 그는 아이들을 데리고 집 안으로 들어가서 스웨터를 입혀야 했습니다. 그리고 일단 유리창이 깨지면 그 유리를 치워서 아이들이 다치지 않게 하는 것이 브래드의 책임이지요.

책임감 있는 리더가 되기 위한 첫 걸음은 자기 위치에 대해 책

임을 지는 것입니다. 리더십 노트에 다음 문장들을 크게 적어 넣으세요. 그리고 늘 마음에 새기려 노력하세요.

> **책임감을 기르자!**
>
> · 내 위치에 대해
>
> · 내가 할 수 있는 것에 대해
>
> · 내가 받은 것에 대해
>
> · 내가 이끌어가고 있는 사람들에 대해

그러면 이러한 책임감은 어디에서 나올까요? 여러분은 이미 정답을 알고 있습니다. 기억하죠? 정직 · 고결 · 성실 말이에요. 이는 리더십의 가장 중요한 요소입니다. 정직 · 고결 · 성실은 자기 훈련과 수양이라는 아이디어에 정확히 들어맞습니다. 정직 · 고결 · 성실은 뒤따르는 사람들에 대해 책임을 지게 만들기 때문입니다. 정직 · 고결 · 성실하게 행동할 때, 여러분은 좋은 본보기가 됩니다.

이를 위해서는 자기 수양이 필요합니다. 정직 · 고결 · 성실한 사람은 겉으로 보이는 것과 속마음이 같습니다. 그들은 옳은 것을 합니다. 그들은 자신의 목표에 초점을 맞추고 벗어나지 않게 합니다. 그들은 숨기는 게 없습니다. 그들의 삶은 펼쳐놓은 책과 같습니다. 뒤따르는 사람들은 정직 · 고결 · 성실한 리더를 존경

합니다.

그러면 정직 · 고결 · 성실을 갖추기 위한 자기 훈련의 특별한 비결이 있다면 어떤 것일까요? 키워드만 정리하자면 이렇습니다.

나는 내가 가르친 대로 살고,
내가 말한 것을 실행하고,
다른 사람에게 정직하고,
나에게 가장 좋은 것보다 다른 사람에게 가장 좋을 것을 먼저 생각하겠다. ★

뭐라고요? 대단한 비결이라도 있을 줄 알았는데 너무 뻔한 얘기라고요? 글쎄요, 하나씩 건성으로 생각하면 그럴지 몰라도, 저 네 가지를 모두 어기지 않기 위해 자신을 단련하는 과정은 결코 쉽지 않습니다. 이제 하나씩 살펴보며 이러한 훈련들이 어떻게 조화를 이루며 정직 · 고결 · 성실, 나아가 책임감으로 완성되는지 생각해보세요.

🕐 가르친 대로 살아가기

여러분은 아마 고등학교를 졸업하면 하고 싶은 것을 이미 생각하고 있을 겁니다. 하지만 뭐가 되고 싶은지에 대해서도 많이 생각해봤어요? 뭐가 될지 결정하는 것은 뭘 할지를 결정하는

것보다 더 중요합니다. 여러분의 됨됨이는—그것은 여러분이 어떤 종류의 인간인가 하는 것인데—어떤 직업을 선택하더라도 그일에서 여러분이 어떤 종류의 리더가 될지 결정해줄 것입니다.

말한 대로 실행하기

드미트리어스는 암으로 투병 중인 반 친구를 위해 돈을 모으려고 거북 마라톤을 계획했습니다. 각 참가자들은 일정한 수의 후원자를 확보하기로 약속했습니다. 후원자들이 각자 후원하는 참가자가 30킬로미터를 끝까지 걸으면 10달러를 기부하겠다고 약속하는 서약 카드에 서명을 하는 것입니다. 사람들은 드미트리어스가 후원자 500명을 확보하겠다고 약속하자 충격을 받았습니다. 그는 그걸 어떻게 해냈을까요? 드미트리어스는 그 지역의 대학 농구팀 코치에게 다음 홈경기를 시작할 때 거북 마라톤에 대해 알려주는 방송을 하고 나서 서약 카드를 나눠줄 수 있겠느냐고 물었습니다. 코치는 그러자고 했습니다. 그날 밤 스탠드에 1,500명이 앉아 있었습니다. 그들 중 500명 이상이 경기 중에 드미트리어스가 나눠준 서약 카드에 서명을 했습니다. 자신의 말을 지키기 위해 드미트리어스는 거북 마라톤에서 끝까지 걸었고, 그의 후원자들은 반 친구에게 5천 달러가 넘는 돈을 전해주었습니다.

만약 드미트리어스가 '뻥'을 치기만 하고 자기 말대로 끝까지

해내지 않았다면 어떤 일이 일어났을까요? 좋은 취지의 계획이 진행 과정에서 차질을 빚었을 것이고, 사람들은 드미트리어스에게 실망해서 더 이상 리더로 인정하지 않으려 했을 것입니다. 그뿐만 아니라 드미트리어스는 누구보다도 크게 자신에게 실망하고 자책해야 했겠지요.

자신이 말한 것을 실행하는 데는 자기 훈련이 필요합니다. 만약 여러분이 어떤 일을 할 수 있을지 확신이 없으면 약속하지 마세요. 지키지 못할 호언장담은 결코 돌이킬 수 없습니다.

다른 사람에게 정직하기

때로는 정직하고 싶지 않은 욕망과 싸우는 것이 쉽지 않습니다. 우리는 대부분 큰일에서는 정직합니다. 그러나 문제를 일으키는 것은 작은 문제들입니다. 여러분을 유혹하는 내부의 목소리를 조심하세요.

'이건 네 잘못이 아니야. 아무도 모르잖아. 이건 사소한 일이야. 거짓말을 해도 괜찮아. 이번 한 번만. 들키지 않을 거야.'

그것은 '욕망'이 말하는 소리입니다. 들을 필요가 없습니다.

정직하다는 것은 여러분이 정직·고결·성실하다는 뜻입니다. 만약 여러분이 부정직하다면, 단 한 번이라도 그렇다면, 뒤따르는 사람들을 잃게 될 것입니다. 아무도 거짓말쟁이를 믿지 않습니다. 누가 거짓말쟁이를 본보기로 삼기를 원하겠어요?

다른 사람 먼저 생각하기

14세의 소년 칼턴은 그의 형과 신년 설날에 가족을 만나러 차를 몰고 가고 있었다. 검은 구름과 억수 같은 비 때문에 그들은 금방 어디로 가는지도 알 수 없게 되어버렸다. 곧 길은 홍수가 지고, 움직이는 게 거의 불가능해졌다. 칼턴은 계속 차를 몰았다. 금세 불어난 물에 밀려 차는 길 밖으로 벗어나 깊은 배수관 속으로 휩쓸려 들어갔다. 곧 물이 차 안으로 밀려들었다. 동시에 차가 가라앉았다. 칼턴은 밖으로 나왔으나 형은 나오지 못했다.

"처음에는 뭘 어떻게 해야 할지도 몰랐어요. 저는 물속으로 뛰어들어 손으로 선루프를 깨뜨렸어요. 형의 안전벨트를 벗기고 차 밖으로 끌어냈죠."

칼턴은 형의 목숨을 구하기 위해 자기 목숨이 위태로운 상황을 마다하지 않았습니다. 그렇게 해서 그는 진정한 리더라는 표시를 보여주었습니다. 다른 사람을 먼저 생각하세요. 욕망과 욕심은 여러분에게 이렇게 말합니다. 자신에게 가장 좋은 걸 하라고. 그러나 정직·고결·성실 그리고 자기 훈련과 수양은 늘 다른 사람을 먼저 생각하라고 말할 겁니다.

여러분, 이론은 여기까지입니다. 이제 여러분은 자기 훈련과 수양에 대해 다 알았으니 그걸 곧 실행하기 시작해야 합니다. 뭐든지 좋아요. 이런 식으로 생각해볼까요? 수도꼭지를 틀기 전까지는 물이 있어도 흐르지 않습니다. 여러분이 더욱 훈련되면, 여러분은 자신이 리더로 자라는 것을 보게 될 것입니다. 여러분은 준비가 될 것이고, 책임감을 갖게 될 것이고, 정직·고결·성실하게 행동할 것이고, 수많은 사람이 여러분의 자취를 따르고 싶어 하게 만들 것입니다.

아무리 하찮은 일에도 책임감을 가지세요

켈리의 교회에서는 그 지역의 기독교 청소년들을 초청하는 파티를 열었습니다. 재미있는 것을 많이 준비해야 했어요. 그러나 켈리는 별로 중요하지 않은 일만 하고 있었지요. 그녀는 파티를 위해 교회의 홀을 청소하라는 요청을 받았습니다. 바닥을 닦고 창문을 닦는 일이었습니다.

"난 그런 거 하고 싶지 않아."

켈리는 혼자 중얼거렸습니다. 그녀는 가능한 한 빨리 일을 해치워버리기로 결정했습니다. 그래서 그녀는 더 재미있는 일로 옮겨갈 수 있었습니다. 하지만 켈리의 목사님은 켈리가 한 일을 보고 실망했습니다. 창문에는 얼룩이 져 있었고 바닥에도 자국이 있었습니다.

장소가 더럽다고 그곳을 피해간 적이 있죠? 깨끗해 보이지 않는 곳에 차려놓았기 때문에 음식을 먹지 않은 적도 있죠? 그 교회에 처음 방문한 청소년들은 그날의 모습대로 켈리의 교회를 기억하게 될 텐데, 그들은 어떤 인상을 받았을까요? 사람들은 깨끗한 건 눈여겨보지 않을 겁니다. 그러나 더러운 건 꼭 눈여겨보지요. 켈리가 맡은 일은 그리 폼 나지 않았지만 중요했습니다. 맡은 일을 지루하지 않게 하기 위해서 켈리는 좋아하는 음악을 들으면서 일할 수도 있었겠지요. 아니면 사람이 많았으니 함께 일할 사람을 한 명만 더 정해달라고 목사님에게 부탁할 수도 있었을 것입니다.

책임감이란 자신이 할 수 있는 걸 자신이 한다는 뜻입니다. 그리고 자신이 할 수 있는 한 아주 잘해낸다는 뜻입니다. 여러분이 리더가 아니라도 말입니다.

"

긍정적인 태도를
'선택'하라

"

"긍정적인 태도가 너의 문제를 다 해결해줄 수 없을 수도 있다.
그러나 긍정적인 태도는 많은 사람에게 영향을 주어서
그 노력에 보답을 할 것이다."
험 올브라이트(예술가)

"네가 남긴 것에 늘 주목하라. 잃어버린 것은 절대로 보지 말라."
로버트 슐러(기독교 지도자)

나의 태도는 내가 만드는 것

티아와 엄마는 크리스마스 선물을 사러 쇼핑몰에 갔다. 도착하자마자 티아의 엄마는 비참해졌다. 크리스마스 정신에 투철한 사람들이 너무 많았던 것이다. 그곳은 시끄러운 사람들로 가득했다. 매장 안으로 들어가기도 힘들었다. 아무것도 살 수 없었다. 12시에 그들은 점심을 먹으러 티아가 좋아하는 식당으로 갔다. 그런데 자리에 앉기까지 한 시간을 기다려야 했다. 기다리는 동안 엄마는 피곤해 보였다. 엄마는 기분이 매우 안 좋았다.

오후에 쇼핑몰을 나오면서 그들은 출입구에 서 있는 경비원 옆을 지나갔다.

"너, 저 남자가 날 흘겨보는 거 봤니?"

엄마가 물었다. 티아는 더 이상 가만히 있을 수가 없었다.

"그 사람은 엄마를 본 게 아니야. 들어올 때 엄마가 그 사람을 노려봤으면서." ✦

사람들이 여러분에게 어떻게 반응하는가는 모두 여러분에게 달려 있습니다. 좋은 태도는 사람들을 끌어들입니다. 나쁜 태도는 사람들을 밀어냅니다. 나쁜 태도를 숨길 수 있다고 여러분은 생각할지 몰라도, 다른 사람들은 다 압니다. 걷는 모습, 말하는 모습에 다 담겨 있습니다. 여러분 얼굴에 다 쓰여 있습니다!

태도는 겉모습, 재능, 재주 같은 것보다 더 중요합니다. 그것은 과거, 미래, 돈, 환경, 실패, 성공보다 더 중요합니다. 그것은 다른 사람이 여러분을 어떻게 생각하느냐, 여러분에게 어떻게 말하느냐, 여러분을 어떻게 대하느냐 하는 것보다 더 중요합니다. 이러한 태도는 무엇보다 여러분의 마음에서 결정됩니다. 즉 여러분은 자신의 태도에 대해 항상 책임이 있다는 것입니다. 여러분의 태도를 결정하는 것은 매일매일 여러분에게 달려 있습니다.

다음은 성경에 나오는 칼렙과 약속의 땅 이야기입니다.

하느님은 이스라엘 민족을 이집트의 노예 신세에서 구해주었다. 그래서 이제 하느님이 약속의 땅이라고 불렀던 곳으로 그들이 들어갈 때가 되었다. 이스라엘 민족은 그곳으로 들어가기 전에 꽤 거칠고 오만한 사람들과 싸워야 한다는 것을 알

고 있었다. 그래서 그들은 그곳으로 들어가 상황을 살펴보고
올 염탐꾼들을 보냈다.

염탐꾼들이 돌아왔을 때, 이스라엘 사람들은 그들이 본 것을
들으려고 커다란 홀에 모였다. 한 염탐꾼이 말했다.

"거기 있는 사람들은 매우 강합니다. 싸우지 않고는 그냥 물
러나지 않을 것입니다."

다른 염탐꾼이 끼어들었다.

"쉽지 않습니다. 큰 도시들은 그들이 잘 지키고 있습니다."

세 번째 염탐꾼이 맞장구를 쳤다.

"그것뿐만이 아닙니다. 어떤 자들은 거인 같습니다! 그들과
비교하면 우리는 메뚜기처럼 작습니다."

그때 칼렙이 일어섰다. 그는 앞으로 나와 말했다.

"우리는 나가서 우리 땅을 차지해야 합니다. 우리는 할 수 있
다는 걸 나는 알고 있습니다!" ★

　

다른 염탐꾼들의 반응을 상상할 수 있겠어요? 모두 매우 부정
적인데 왜 칼렙만 그렇게 긍정적이었다고 생각합니까?

태도는 다른 사람들을 이끌어가는 데 아주 큰 영향을 미칩니
다. 리더의 태도는 중요합니다. 뒤따르는 사람들이 생각하고 느
끼는 방식에 영향을 주기 때문입니다. 훌륭한 리더들은 올바른
태도가 올바른 분위기를 만들어낸다는 걸 이해하고 있습니다. 그

것은 뒤따르는 사람들이 올바르게 반응할 수 있게 만듭니다.

여러분의 태도는 여러분이 가지고 있습니다. 다른 사람이 가지고 있는 게 아닙니다. 그리고 그것은 자신이 가지고 있는 가장 가치 있는 것입니다. 좋은 태도를 갖고 있지 못하면, 여러분은 자신이 할 수 있는 것을 하나도 하지 못할 것입니다. 여러분의 태도는 여러분이 보는 것과 느끼는 것을 어느 정도까지 조절할지 그 수준을 결정합니다.

예를 들어 설명하겠습니다. 어떤 남자가 톱을 잃어버린 걸 알았습니다. 그는 이웃에 있는 십대 소년을 의심했습니다. 소년은 엔진 없는 폐차 경주용 자동차도 훔친 적이 있었습니다. 일단 의심이 생기자 그 아이가 하는 행동은 하나같이 의심스러워 보였습니다. 걷는 것도, 목소리의 높낮이도, 몸짓도 모두 의심스러웠습니다. 그러나 남자는 그 톱을 자신의 작업대에서 발견했습니다. 그곳에 우연히 떨어뜨렸던 것입니다. 이웃집 아이만 의심하다 보니 아무것도 보이지 않았던 것입니다.

예측과 기대는 태도에 큰 역할을 합니다. 여러분이 예측하고 기대하고 있었던 것이 완전히 잘못됐을 수 있습니다. 그것은 여러분이 어떤 태도를 가지느냐를 결정하게 됩니다.

또한 여러분의 태도는 감정을 조절하는 방법을 결정합니다. 여러분의 태도가 느낌을 결정한다고 말한 게 아님을 주목하세요.

여러분이 어떻게 느끼느냐와 어떻게 느낌을 조절하느냐 사이

chapter 8. 긍정적인 태도를 '선택'하라

에는 커다란 차이가 있습니다. 누구나 기분이 나쁠 때가 있습니다. 태도가 느낌을 멈추게 할 수는 없습니다. 그러나 기분이 여러분을 멈추게 하는 걸 막을 수 있습니다. 불행히도 만화 속의 주인공처럼 끝장 볼 때까지 기분이 자신을 조종하도록 놔두는 사람이 너무 많습니다.

그는 나무 밑에 앉아서 달을 바라보며 말합니다.

"나는 여기도 가봤고 저기도 가봤지. 나는 올라가보기도 했고 내려가보기도 했지. 들어가보기도 했고 나가보기도 했지. 빙 돌아보기도 하고 거꾸로 돌아보기도 했지. 그러나 한 번도, 단 한 번도, 가장 중요한 곳에 가본 적이 없어!"

여러분, 리더십 노트를 꺼내서 여러분이 가장 존경하는 사람의 이름을 써보세요. 그런 다음 그 사람을 가장 존경하는 이유두 가지를 써보세요. 다음에 나오는 리더십 노트를 참고해도 좋습니다.

> **· 내가 가장 존경하는 사람**
> 국어를 가르치는 네글리 선생님!
> **· 이유 :** 네글리 선생님은 잘생겼기 때문이다.
> 선생님은 어떤 일이든 학생들을 늘 적극적으로 도와주려
> 하기 때문이다.

여러분이 존경하는 사람은 이렇게 가까운 사람일 수도, 역사 속 인물이거나 인기 스타일 수도 있을 것입니다. 연령도 특징도 모두 다르겠지요. 하지만 한 가지 확실한 것은, 여러분이 그 사람을 존경하는 이유가 '태도'와 관계 있으리라는 사실입니다.

나쁜 태도로는 어디에도 다다르지 못한다

일단 여러분의 마음에 부정적인 생각이 낙인 찍히면 성공을 위한 기회는 줄어듭니다.

많은 타이틀을 따며 우승을 한 위대한 프로 골퍼 아널드 파머는 훌륭한 태도를 지니고 있었습니다. 그의 집에는 그가 골프장에서나 골프장 밖에서나 성공할 수 있었던 이유를 말해주는 다음과 같은 글이 벽에 걸려 있습니다.

만약 네가 지쳤다고 생각하면, 넌 지친 것이다.
만약 네가 용감하게 도전하지 못하겠다고 생각하면,
넌 하지 못한다.
만약 네가 이기고 싶지만 난 할 수 없다고 생각하면,
넌 이기지 못할 게 거의 확실하다.
인생의 전투는 늘 더 힘세거나 더 빠른 사람에게만
넘어가는 것이 아니다.
그러나 이르건 늦건 언젠가는 이기는 사람이 있다.

난 할 수 있다고 생각하는 사람이다. ★

    골프 시합에서 한 번 우승한 골퍼와 아널드 파머처럼 수없이 우승한 골퍼의 차이는 뭘까요? 능력이나 행운일까요? 천만에! 한 시합에서 평균 2타 이하의 스트로크로 세계에서 상위 25명의 골퍼들이 구별될 정도라면, 그 차이는 능력이나 행운 이상의 무엇이어야 합니다. 모든 차이점을 만들어내는 것은 태도입니다.

    부정적인 태도를 가진 사람이 출발을 잘하고, 며칠 잘 유지해나가서 시합을 이길 수도 있습니다. 그러나 이르든 늦든 간에 언젠가는(보통은 이르게) 그들의 태도는 그들을 끌어내리고 말 겁니다.

    행복이란 어떤 상태라고 믿는 사람이 너무 많습니다. 일이 굉장히 잘될 때는 사람들이 행복해합니다. 일이 나빠질 때는 사람들이 슬퍼합니다. 어떤 사람들은 행복이란 유명해지거나 특정한 장소에 머물게 되면 찾을 수 있는 것이라고 합니다. 다른 사람들은 특별한 사람을 사귀거나 같이 있게 되면 행복이 온다고 생각합니다.

    기억해야 할 것은, 우리는 끝까지 해낼 수 있는 방법을 선택해야 한다는 사실입니다.

    여러분 자신의 내부를 들여다보세요. 자, 지금 보세요. 진지하게 열심히 살펴보세요. 거기 누가 있죠? 컵이 절반 비어 있다고 보는 사람을 발견하게 될까요? 아니면 컵이 절반 차 있다고 보는 사람을 발견하게 될까요?

여러분, 리더십은 영향력입니다. 사람들은 우리에게서 감기를 옮는 것처럼 태도에 전염됩니다.

이걸 생각해보세요. 만약 여러분을 뒤따르는 사람이 많다면, 그들은 여러분의 태도에 감염될 것입니다. 여러분이 웃으면 아주 많은 웃음이 여러분에게 되돌아올 것입니다. 여러분이 얼굴을 찌푸리면 여러분이 얻게 될 것은 바로 그것입니다. 뒤따르는 사람들의 찌푸린 얼굴과 뿌루퉁한 얼굴입니다.

누군가가 여러분이 여러분의 경쟁자보다 더 거칠지 않고, 더 잘생겼고, 더 성격이 좋고, 더 열심이고, 더 능력 있다고 말합니까? 하지만 바로 그 사람이 어떤 일에 대해 여러분이 할 수 없다고 말한다면 그런 칭찬은 더 이상 중요한 것이 아닙니다. 가장 중요한 것은 여러분의 태도입니다.

잠깐만 여러분의 내부를 들여다보세요. 그리고 우울한 것이 숨겨져 있는지 살펴보세요. 그런 다음 여러분의 리더십 노트에 가족이나 친구들에게 나쁜 영향을 끼칠 수 있다고 느껴지는 부정적인 태도를 세 개만 써보세요. 부끄러워할 것 없어요. 이제부터 우리 태도의 단점들을 바꿔나가면 되니까요.

새로운 자신을
향해 가는 다섯 단계

자신을 행복하지 않게 만드는 것들을 자신의 태도에서 많이 발견할지도 모릅니다. 그렇다고 세상 끝난 건 아닙니다. 여러분의 태도는 여러분이 바꿀 수 있는 것입니다. 어떻게 바꾸는지 알고 싶어요? 이렇게 해보세요.

1. 문제 감정을 깨닫는다

벌써 찾았다고요? 그렇다면 여러분은 이 단계를 이미 마쳤군요. 자신의 내부를 들여다보고 나쁜 태도를 몇 가지 찾았다면, 여러분은 문제 감정을 알고 있는 겁니다. 이것이 여러분이 제거하고 싶은 것이죠. 그것 때문에 완벽하게 멋있는 리더가 되지 못할 테니까요.

2. 문제 행동을 깨닫는다

토머스는 가는 곳마다 우울함을 퍼뜨립니다. 누가 아이디어를 내놓으면, 토머스는 언제나 싫다고 큰 소리로 말합니다. 그가 얼마나 한결같이 부정적인지 보고 싶다고요? 자원 봉사 기회가 있으면 그를 끼워주려고 시도해보세요. 그는 왜 일을 하지 말아야 하는지 변명을 백만 가지쯤 늘 가지고 있습니다.

아는 사람 중에 토머스 같은 친구가 있나요? 밖에 나가보면 그런 사람이 꽤 많지요. 다행인 것은, 여러분은 그런 사람이 아니라는 거죠. 토머스는 아마 자신을 낮춰 보기 때문에 그렇게 행동할 겁니다. 일에 참여해서 실패의 위험과 마주치는 것보다 부정적 태도를 유지하는 것이 더 쉽습니다.

어떤 감정이 문제 행동을 유발하는지 발견하려고 노력해야 합니다. 무엇이 여러분의 부정적 감정을 일으키지요?

3. 문제 사고를 깨닫는다

윌리는 시카고에서 계획만 하면서 그 속에 파묻혀 살고 있습니다. 그가 고작 아홉 살이었을 때, 그는 자기 집 앞에서 어떤 사람이 살해되는 것을 보았습니다. 2년 뒤, 그의 형이 불량배들의 싸움에서 총을 맞고 죽었습니다. 윌리가 열세 살이 되었을 때, 어머니가 암으로 세상을 떠났습니다. 윌리는 문제에 빠져들기 시작했습니다. 그때까지 윌리와 형과 누나는 할머니와 같이 살고 있었는데, 윌리는 대여섯 번 체포되기도 했습니다.

윌리는 나쁜 녀석은 아니었어요. 자신이 대단하게 되지는 못할 거라고 믿고 있었을 뿐이지요. 그는 자신이 지금 어디에 서 있는지 곰곰 생각하고 있습니다. 어디로 갈 수 있는지 그쪽은 보지 않고 있습니다. 무엇을 이뤄낼 수 있는지 그것은 보지 않고 있습니다. 윌리 같은 생각에 사로잡히는 건 쉬운 일입니다. 특히 힘든 시간을 거쳐왔을 때는 더욱 그렇습니다.

여러분의 내부에 윌리의 생각 같은 게 보입니까? 어떤 방향으로도 오도 가도 못할 것 같은 기분입니까? 아마 여러분은 자신이 하고 싶은 것을 하기에는 너무 뚱뚱하다거나, 너무 말랐다거나, 너무 크다거나, 너무 작다고 생각할 겁니다. 여러분을 가로막고서 주저하게 만드는 걸림돌이 있을지도 모르죠. (여러분은 자기 내부에 있는 문과 창문이 모두 다 보입니까? 하나가 닫혀 있다면, 어떻게 해야 하죠? 일어서서 문을 두드리고, 누군가가 그것을 열어주기를 마냥 기다릴 수도 있습니다. 아니면 다른 문과 창문이 있나 찾아볼 수도 있습니다. 하나쯤은 여러분의 미래를 향해 열려 있을지도 모릅니다.) 인생에서 여러분이 결정한 선택을 살펴보세요. 만약 윌리가 그 일에 뛰어들어 미래를 바라보기에 좋은 뭔가를 어렵사리 발견했다면, 그는 인생의 방향을 되돌릴 수 있었을 것입니다.

문제 사고를 제거할 첫걸음은 그것이 문제 사고라는 걸 아는 것입니다. 이번 주에 여러분이 행동하고 말한 것들을 특별히 주의해서 살펴보세요. 숨겨져 있는 것을 찾아내서, 긍정적인 태도로 그것들을 내다 버리세요.

4. 올바른 사고를 깨닫는다

마커스 휴스턴은 콜로라도의 고등학생입니다. 그는 '올바른 사고'가 어떤 것인지 보여주는 훌륭한 예입니다. 미국의 학교에서는 성적이 나쁘거나 품행에 문제가 있으면 운동선수로 뽑힐 수가 없습니다. 마커스는 자기 학교가 있는 지역의 그런 중학생들이 걱정되었습니다. 그는 모범생에 인기 있는 미식축구 선수였는데, 그런 학생들을 도와줄 수 있는 길을 찾고 싶었습니다.

그는 어떻게 했을까요? 〈안다고 말해봐〉라는 교육 프로그램을 만들었죠. 마커스는 자신을 돌아보고 자신이 학교에서 어떻게 리더가 되었는지 생각해보았습니다. 그런 다음 어떻게 성공했는지 내용을 정리해서 그 학생들과 이야기하기 위해 중학교로 갔습니다.

마커스는 그들이 어떻게 옷을 입고, 어떻게 말하고, 어떻게 행동하는지가 그들의 태도를 나타내고 있으며, 그것이 긍정적인 방법이나 부정적인 방법으로 선생님들에게 자주 영향을 준다는 것을 그들에게 이야기했습니다.

"변명을 찾지 말고 기회를 찾아. 성공은 우연한 게 아니야. 성공이란 그걸 이루기 위해 열심히 노력할 때 찾아오는 것이야."

열심히 한다는 것은, 자기 안을 들여다보고 거기에 뭐가 있는지 알아내서 문제 있는 사고를 올바른 사고로 바꿔놓는 걸 의미합니다.

 5. 말한 것을 실행한다

바로 지금, 여러분이 어디에 있든지 이 약속을 자신에게 하세요.

내가 어디에 가서 무슨 일을 하든지
나는 올바른 사고를 할 것이고
사람들에게 착하고 긍정적인 태도만 보여줄 것이다.

이 약속을 지킨다면, 여러분을 뒤따르는 사람들이 아주 많아질 것입니다.

생각의 틀이 바뀌다

'나는 할 수 없어.'

'나는 하지 않을 거야.'

'나는 아니야.'

이런 단어들이 여러분의 마음속에 어떤 그림을 떠오르게 합니까? 리더십 노트에 그 그림에 대해 자세히 설명해보세요.

이제 이런 단어들을 생각해봅시다.

'나는 할 수 있어.'

'나는 할 거야.'

'바로 나야.'

여러분 마음속에 이런 단어들이 어떤 그림을 떠오르게 했습니까? 리더십 노트에 그 그림에 대해 자세히 적어보세요.

그 차이를 알겠습니까? 자신의 태도가 마음에 들지 않으면 여러분은 언제나 그 그림을 바꿀 수 있습니다. 여러분의 태도를 고치기 위해 다시 틀을 잡는다는 것은 이런 뜻입니다.

'나를 둘러싸고 있는, 내가 보고 있는 이 세계를 나는 바꿀 수 없을지도 모른다. 그러나 나는 내 안에 있는, 세계를 보는 방식을 바꿀 수 있다.'

이렇게 사고를 바꾸기 시작하면서, 곧장 행동도 바꾸세요. 여러분이 되고 싶은 사람처럼 조금씩 행동해보세요. 여러분이 존경하는 사람의 행동을 여러분의 행동으로 만들어서 움직여보세요. 수많은 사람이 먼저 느끼고 그다음에 행동하기를 원합니다. 하지만 그건 가능하지 않습니다.

남을 돕기 위해 자원 봉사를 하고, 모임에 들고, 새 친구를 만드세요. 일을 시작한 다음에는 동기가 생겨나고, 그것이 그 행동을 계속하기 쉽게 만듭니다. 여러분이 알고 있는 게 뭐든지, 그걸 해야 합니다. 그냥 해보세요.

연습하면 완벽해진다

반복되는 행동은 태도가 됩니다. 어떤 일에 대해 새로운 태도를 거듭해서 날마다 연습하면서 자기 삶이 더 나은 것으로

변하는지 지켜보세요.

어느 날 나는 청소년들이 잘못된 태도를 바꾸는 데 도움이 될 간단한 계획을 짜달라는 요청을 받았습니다. 나는 두 가지 계획을 권했습니다. 첫 번째 것은 위에 나오는 상자 안의 글입니다. 두 번째 것은 첫 번째 것을 매일 하라는 것이었습니다. 한 번만 하지 말고, 또는 그것이 좋다고 느껴질 때만 하지 말고, 할 수 있는 한 자주 하라는 것이었습니다. 이 조언을 실행해보세요. 그리고 여러분의 생활이 달라지기 시작했는지 지켜보세요!

> 올바른 말을 하고,
> 올바른 책을 읽고,
> 올바른 음악을 듣고,
> 올바른 사람과 사귀고,
> 올바른 일을 하고,
> 올바른 기도를 하라.

론 헤이기가 고등학교에 다닐 때, 그는 프로 미식축구 팀에서 경력을 쌓기 원했습니다. 그것은 팔다리를 마비시켜버린 다이빙 사고가 있기 전이었습니다. 그리고 론은 인생을 포기해야 할 것 같았습니다. 하느님의 메시지라고 믿는 목소리를 듣기 전까지는. 론은 그때 자기가 장차 발전할 가능성이 있다는 걸 깨달았습니다. 그는 잘못된 태도를 갖고 있었던 것입니다! 론은 생각을 바꿨습니다. 그는 입에 펜을 물고 글씨 쓰는 법을 배웠고, 이 사이에 막대기를 악물고 컴퓨터 키보드 치는 법을 배웠고, 입에 붓을 물고 그림 그리는 법을 배웠습니다. 그는 대학에 진학해 사회사업 분야의 석사 학위를 받고 최우등생으로 졸업을 했습니다.

론은 직업을 구하면서 많은 좌절을 맞았습니다. 그러나 포기하지 않았습니다. 그와 그의 아내 크리스티는 '삶은 태도'라는 비영리사업을 시작하기로 했습니다.

사업의 한 부분으로, 론은 좋은 태도를 가지고 자신의 가능성을 활용하도록 사람들을 격려하면서 전국을 여행합니다. 그는 장애를 가진 사람들을 위한 '태도 캠프'를 시작하기도 했습니다.

커다란 불행을 겪었지만 론은 태도를 바꿈으로써 인생의 주도권을 잡았습니다. 론은 긍정적인 태도가 부정적인 태도로 바뀔 수 있다는 살아 있는 증거입니다.

여러분은 어떤 종류의 리더가 되고 싶습니까? 여러분이 뒤를 돌아보았을 때, 수많은 사람이 얼굴에 미소를 띠고 있는 걸 볼 겁니까, 아니면 자기 혼자 서 있는 걸 볼 겁니까? 그건 모두 여러분에게 달려 있습니다. 부정적인 생각을 제거하고 긍정적인 생각으로 더욱 많이 바꿔놓을수록, 여러분은 리더로서 성공적인 사람이 될 것입니다. 잊지 마세요. 여러분의 태도를 선택할 수 있는 사람은 자신뿐이라는 것을요.

태도가 인생을 바꾼다

재키 조이너커시가 1976년 올림픽을 텔레비전으로 본 것은 열네 살 때였습니다. 그녀는 하느님께서 문자 그대로 "너희 앞에 있는 길을 달려가라. 결코 포기하지 마라.(히브리서 12장 1절)"고 요구하시리라는 걸 전혀 몰랐습니다. 재키는 트랙과 필드에서 여섯 번 올림픽 메달을 땄으며, '세계에서 가장 위대한 운동선수'라 불리는 여자가 되었습니다.

재키를 위대한 리더로 만든 것은 그녀의 태도였습니다. 그녀는 "나는 사람들에게 자신의 인생을 바꿀 수 있다는 걸 깨닫도록 용기와 확신을 주고 싶었다"고 말합니다.

거친 이웃 사람들 속에서 그녀는 자랐습니다. 그녀는 잘못된 선택을 할 기회가 무수히 많았습니다. 하지만 재키는 교회에 열중하는 것과 지역 사회 센터에서 스포츠에 참여하는 길을 택했습니다.

운동선수가 되는 것은 많은 자기 훈련이 필요했습니다. 그래서 재키는 엄격하게 생활했어요. 그리고 성공한 뒤에도 자신이 변하지 않게 하려고 노력했습니다.

"종종 성공한 사람들은 허세를 부립니다. 저는 운동선수로 성공한 것이 제 본래의 모습을 바꿔버리지 않게 하려고 노력합니다."

재키 조이너커시는 다른 사람에게 영향을 주는 태도를 지닌 훌륭한 본보기입니다. 요즘 재키는 많은 시간을 청소년들을 도우며 보내고 있습니다. 최근에는 일리노이 주 세인트루이스 동쪽에 있는 그녀의 고향 도시에 '재키 조이너커시 청소년 센터'를 세워 활동하고 있습니다.

DEVELOPING INNER LEADERSHIP

"

크고 높게,
리더의 꿈을 꾸어라

"

"나는 언제나 별들이 배경으로 있는 저 높은 곳을 꿈꾸어야 한다.
내가 그걸 이뤄낼 거라고 꿈꾸지 않는다면, 나는 꿈에 더 가까이 가지 못할 것이다."
헨리 카이저(실업가)

"모든 사람은 꿈을 꾼다. 그러나 다 같지는 않다. 자기 마음의 먼지 낀 구석에서 밤에
꿈을 꾸는 사람들은 낮에 깨어나서 그게 덧없다는 것을 깨닫는다.
하지만 낮에 꿈을 꾸는 사람들은 위험한 사람들이다. 그들은 그 꿈을 가능하게 하기
위해 두 눈을 뜬 채 그들의 꿈을 실행에 옮길 수도 있기 때문이다."
T. E. 로런스(영국 군인이자 작가)

꿈을 바라보는 나의 방식

모험을 할 준비가 되어 있나요? 여러분은 지금 자신의 비전(미래의 모습)을 탐험해보고, 그것이 자신을 어디로 데려갈지 밝혀보려 하고 있습니다. 리더십 사다리의 이번 단계는 꿈에 대한 조언입니다. 여기에서 여러분은 '계속 높은 곳을 쳐다보라!'는 것이 최고의 조언이라는 걸 알게 될 겁니다!

월트 디즈니는 줄곧 높은 곳을 쳐다보며 꿈꾸어온 좋은 예입니다. 그가 만든 많은 영화가 꿈의 실현에 관한 것이잖아요? 그의 영화에 나오는 노래 중 상당 부분도 꿈을 발견해나가는 내용들입니다. 신데렐라가 〈꿈이란 마음이 만들어내는 소망〉이라 노래한 걸 기억하나요? 혹은 어렸을 때 〈오즈의 마법사〉를 보며 〈Over the Rainbow〉라는 노래를 따라 부르기 좋아했을지도 모르죠. 이 노래들은 모두 꿈을 실현하려는 월트 디즈니의 비전을 보여주고

있습니다.

월트 디즈니는 어디서 자신의 꿈을 찾아야 할지를 알고 있었다. 그래서 그는 다른 사람들에게 자기를 따르라고 설득했다. 그래서 따라온 대표적 인물이 프레드 로저스다.

여러분은 아마 그를 '미스터 로저스'로 알고 있을지도 모른다. 그는 30년 이상 텔레비전에서 일했던 사람이다. 그가 진행하는 쇼 〈미스터 로저스의 이웃〉은 수백만 어린이들의 삶을 다룬 것이다.

그가 어린 소년이었을 때는 목사님이 그의 영웅이었다. 그는 어른이 되면 목사가 되고 싶었다. 그러나 텔레비전이라는 세계가 그를 유혹했다. 프레드는 텔레비전을 아이들에게 접근하는 최고의 수단으로 보았다. 그래서 그는 청소년들을 위한 좋은 텔레비전 프로그램을 만드는 걸 꿈꾸었다. 그는 자신이 언젠가는 목사가 될 거라고 믿었다. 그러나 미스터 로저스는 방송인으로 일을 해나가면서 목사가 되는 길만이 하느님을 섬기는 길은 아니라는 것을 깨달았다. 자신의 재능을 발휘해 사람들에게 꿈과 희망을 줄 수 있다면 그것은 충분히 값진 일이었으며 자신에게도 만족스러웠다. 그는 꿈을 단단히 붙잡고 그걸 다른 사람들과 함께 나누었다. 그는 뛰어난 팀을 만들어 모든 시청자를 사로잡는 텔레비전 쇼를 만들어갔다. 프레드는 그의 팀이 그의 비전을 따르게 할 수 있었을 뿐만 아니라, 청소년들 역시 그것을 따르게 만들었다. 그것이 위대한 리더의 모습이다.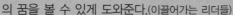

본래 사람들은 꿈을 좇아가지 않습니다. 꿈을 가지고 있으면서 그것을 확실하게 설명해줄 능력을 가지고 있는 리더를 좇아가죠. 그들은 보통 꿈을 받아들이기 전에 리더를 받아들입니다.

사람들이 저마다 꿈을 다르게 본다는 걸 아세요? 그들이 꿈을 보는 방식은 그들이 리더십 사다리의 어디쯤에 있는지를 결정합니다.

다음 문장들 중 어느 것이 여러분을 가장 잘 묘사하고 있습니까? 괄호 안의 평가가 부정적이라 해도 좌절하지 마세요. 기억하죠? 여러분은 언제나 생각하는 방식을 바꿀 수 있고, 사다리의 다른 발판으로 옮아갈 수 있다는 것을.

· 어떤 사람들은 꿈을 전혀 보지 못한다.(헤매는 자들)

· 어떤 사람들은 꿈을 보지만 절대 좇아가지 않는다.(뒤만 따르는 자들)

· 어떤 사람들은 꿈을 보고 그 꿈을 좇아간다.(스스로 이루는 자들)

· 어떤 사람들은 꿈을 보고 그걸 좇아가면서, 다른 사람들도 자신들의 꿈을 볼 수 있게 도와준다.(이끌어가는 리더들)

잠깐 시간을 내서 여러분의 리더십 노트에 소원을 세 가지만 적어봅시다. 망설이지 말아요! 재미로 해보는 거예요.

나중에 이 소원들에 대해서 다시 얘기할 거예요.

212

나의 **비전** 찾기

여러분의 비전이 여러분을 어디로 이끌고 갈지 확신하지 못할지도 모릅니다. 그건 괜찮습니다. 하지만 꿈은 혼자서는 자라지 않습니다. 자기 주위를 둘러보고 자신의 꿈이 자라도록 도울 수 있어야 합니다. 그것은 '자신'의 내부를 들여다보는 데서 시작할 수 있습니다.

🕐 내 안쪽 들여다보기

내가 십대 소년이었을 때 내 꿈은 개인적인 관심의 범위를 벗어나지 못했습니다. 내 생활은 나 자신을 중심으로 돌아가고 있었습니다. 그러다가 기독교인이 되었을 때, 하느님이 내 인생에 펼치신 첫 번째 급격한 변화는 꿈에 관한 것이었던 것 같습니다. 처음으로 내 꿈이 바뀌었습니다. 나는 다른 사람을 돕는 데

초점을 맞추기 시작했습니다. 나 자신이 아니라 다른 사람을 돕고 싶었죠. 꿈이 넓어진 것입니다.

탈바꿈에 관해서는 아버지의 도움을 받았습니다. 그리스도께서는 새로운 심장을 주신 반면, 아버지의 모습을 보고는 새로운 방식을 배우기 시작했습니다. 나를 위해 외형 모델을 제공해주신 거지요. 그는 전에도 그랬고 지금도 그렇지만, 내가 알고 있는 가장 신앙심이 깊은 사람입니다. 나의 꿈은 그의 꿈을 모방하기 시작했습니다. 그는 큰 교회의 목사였습니다. 그래서 나도 큰 교회의 목사가 되고 싶었습니다. 내 꿈은 말 그대로 그리스도와 내 아버지에 의해 만들어진 것입니다.

꿈을 가진 사람은 말은 조금 하고 행동은 많이 한다.
꿈을 가진 사람은 정직·고결·성실로 강한 힘을 키운다.
꿈을 가진 사람은 문제가 생겨도 멈추지 않고 계속 나아간다.

수많은 유명 인사들은 장애물이 있어도 그들의 꿈을 찾아냈습니다. 가수이자 작곡가인 칼리 사이먼은 장애를 갖고 있었습니다. 그녀는 말더듬이였습니다. 로빈 윌리엄스는 주의력 부족 과잉 행동 장애ADHD를 갖고 있었습니다. 그것이 대단한 영화배우이자 코미디언이 되는 걸 막지는 못했습니다. 운동선수 브루스 제너는 실독증이었습니다. 그런데 그는 운동을 계속해 올림픽 금메달리스트가 되었습니다.

진정한 리더는 꿈을 좇는 걸 멈추지 않습니다. 무슨 일이 일어나도. 그렇다면, 자신의 내부를 한번 들여다보세요. 여러분이 커다란 꿈을 꾸고 있는데 뭔가가 가로막고 있지는 않습니까?

내 뒤를 돌아보기

꿈이란 그 꿈을 가지고 있는 사람보다 더 커야 합니다. 성공적인 리더들은 자신들이 아무것도 모른다고 말할 것입니다. 그래서 그들은 꿈을 실현하는 데 도움을 줄 수 있는 사람을 늘 찾고 있습니다. 헬렌 켈러에게 그녀의 선생님 앤 설리번이 없었다면 어떻게 되었을까요? 들릴라가 없었다면 삼손은 어떻게 되었을까요?

위대한 일들은 팀이 만들어졌을 때 일어납니다. 옛말에 있듯이 "한 사람 머리보다 두 사람 머리가 낫다"는 거지요. 여러분의 꿈을 실현하는 데 도움이 될 수 있는 사람들을 생각해봅시다.

내 주위에는 무슨 일이?

꿈을 나눠 가져야 할 때가 언제인가를 아는 것이 진정으로 중요한 부분입니다. 좋은 아이디어는 사람들이 그 아이디어를 받아들일 준비가 되어 있을 때 진정으로 훌륭해집니다. 너무 멀리 앞서가면 다른 사람에게 영향을 미칠 힘을 잃어버립니다. 영향력이 없으면 여러분의 꿈은 보기 좋게 실패합니다.

생각해봅시다. 여러분은 참을성이 있는 사람입니까? 아니면 저만큼 앞서서 달리기를 좋아합니까?

어린 소년이 처음으로 오케스트라 연주회에 갔다. 그는 수많은 청중, 멋있게 차려입은 사람들, 그리고 오케스트라의 커다란 음향이 모두 최고로 멋있다고 생각했다. 그가 들었던 여러 악기 소리 중에서, 그는 심벌즈가 가장 좋았다. 온몸을 가로지르며 '챙' 하고 울리는 커다란 소리를 처음 들은 그는 그 악기에 완전히 매료되었다! 하지만 심벌즈 연주자는 다른 연주자들이 연주하는 동안 대부분의 시간을 그냥 서 있기만 하는 것이 아닌가.

연주회가 끝나자 소년의 부모는 소년을 데리고 무대 뒤로 가서 음악가들을 만났다. 소년은 심벌즈 연주자에게 달려갔다.

"저, 선생님. 심벌즈를 연주하기 위해서는 얼마나 많이 알아야 해요?"

심벌즈 연주자는 잠시 생각하더니 대답했다.

"많이 알 필요는 전혀 없단다. 연주할 때가 언제인가를 알기만 하면 된단다."

여러분이 진정으로 하고 싶은 건 뭡니까? 어떻게 여러분의 비

전이 남다른 독특함을 만들어낼까요?

자, 이걸 점검해보세요. 여러분이 원하는 건 뭐든지 가지고 있으면—제한 없이 쓸 수 있는 시간, 제한 없이 쓸 수 있는 돈, 제한 없이 얻을 수 있는 정보, 그리고 여러분이 요구하는 대로 받을 수 있는 모든 도움이 있으면—여러분은 뭘 할 겁니까?

여러분의 리더십 노트에 '내가 ~을 갖고 있다면, 나는 ~할 것이다'의 형식으로 다시 한 번 꿈을 적어보세요. 그런 다음 여러분의 비전에 대해 써보세요. 여러분의 비전은 앞에서 리더십 노트에 적은 소원들과 다릅니까? 만약 그렇다면 여러분에게는 지레 포기해버린 무엇인가가 있는 것입니다. 또는 자신의 꿈과 비전에 대해 구체적으로 생각해두지 않은 탓이거나요. 자신의 무한한 가능성과 의지력을 믿고, 꿈을 높게 가지세요!

다른 사람과 꿈 나눠 갖기

비전을 키우고 계속 만들어내기 위해 리더는 다른 사람이 자신을 따르도록 영향력을 발휘해야 합니다. 그것은 때로는 힘들 수도 있습니다. 사람들은 각자가 사물을 다르게 보기 때문입니다.

어떤 사람들은 길거리에서 거지들을 보고 곧장 지나가버립니다. 다른 사람들은 똑같은 것을 보고 그들을 도울 비전을 만들어냅니다. 그래서 어떻게 됐을까요? 두 사람이 동시에 같은 곳에 있으면서 서로 완전히 다른 것을 볼 수 있다는 건 왜 그럴까요? 그건 간단합니다. 우리는 우리가 '볼 준비가 되어 있는 것'을 보기 때문입니다. 있는 그대로의 것을 보는 것이 아닙니다. 훌륭한 리더는 이것을 알고 세 가지 질문을 던집니다.

· 다른 사람들은 무엇을 보았을까?

· 그 사람들은 그것을 왜 그런 식으로 볼까?

· 그들이 그것을 보는 방식을 내가 바꿀 수 있을까?

위대한 리더들은 자신을 따르는 사람들을 위해 '그림을 그려서' 그들의 비전을 설명합니다. 모든 위대한 비전에는 일정한 수준의 정직·고결·성실함이 담겨 있습니다. 그리고 위대한 리더들은 사람들이 그것을 이해하고, 음미하고, '알게' 만듭니다.

여러분이 자신의 명작을 그려내려면 다음 요소들이 필요할 것입니다.

지평선

여러분이 지평선을 어디쯤에 두느냐에 따라 사람들은 그 꿈이 얼마나 큰가 알 수 있습니다. 자신들이 하늘 위로 얼마나 높이 올라갈지는 사람들이 각자 결정할 것입니다. 리더로서 여러분이 책임지고 해야 할 일은 자신의 그림 속에 하늘을 커다랗게 펼치는 것입니다. 여러분은 뒤따르는 사람들에게 용기를 불어넣어 별에까지 닿게 하고 싶은 것입니다!

해

여러분의 그림 속에 있는 해는 따뜻한 온기와 희망을 가져다줍니다. 빛은 사람들 속에 좋은 것을 가져다줍니다. 위대한

리더가 되고 싶다면, 자기 팀에게 빛을 가져다주고 희망이 살아 있게 유지해야 합니다.

춥고 비 오는 날에 비하면 따뜻하고 햇살이 비치는 날 어떤 기분인지 생각해보세요. 햇빛이 비치면 더 행복하게 느껴집니까? 대부분의 사람들은 그렇습니다. 약한 리더와 강한 리더를 비교할 때에도 같은 식으로 합니다. 강하고 따뜻한 리더들은 일을 재미있고 할 만한 가치가 있는 것으로 보이게 만듭니다. 약하고 차가운 리더들은 프로젝트를 완전히 따분한 것으로 만듭니다.

산
모든 비전은 도전을 받게 됩니다. 여러분이 해야 할 일은 "산을 타고 올라가고 벽을 기어 올라가라"고 사람들을 설득하는 것입니다.

새
여러분의 그림 속에 있는 새들은 뒤따르는 사람들이 갖고 싶어 하는 것 두 가지를 보여줍니다. 자유와 영혼입니다. 독수리가 힘들이지 않고 산 쪽으로 미끄러지듯 날아 올라가는 걸 보고 있다고 상상해봅시다. 그 장면이 여러분의 영혼을 솟아오르게 하여 자유로운 느낌을 주지 않습니까? 다른 사람들이 여러분의 꿈을 '보고 있을' 때 느껴주었으면 하고 원하는 것이 이것

입니다.

꽃

아무리 좋아하는 일을 하고 있을 때라도 때때로 쉴 필요가 있습니다. 위대한 꿈을 찾으러 가는 여행은 시간이 필요합니다. 여러분의 그림 속의 풍경 안에, 길을 따라 쉬어가는 정류장을 반드시 그려 넣으세요. '꽃의 향기를 맡고' 기운을 차릴 장소 말입니다. 때때로 노는 것도 좋습니다. 잠시 멈춰 서서 친구와 시간을 즐기세요.

길

여러분의 꿈은 출발할 장소와 나아갈 길이 필요합니다. 그 길로 이끄는 것은 여러분의 일입니다.

소박한 시골을 지나가던 한 여행자가 그의 원주민 안내인에게 물었습니다.

"한 번도 길을 잃지 않고 이런 톱니같이 뾰족뾰족한 봉우리와 위험한 오솔길들 사이에서 제 길을 어떻게 찾아갈 수 있습니까?"

안내인이 대답했습니다.

"나는 가까운 곳을 볼 수 있는 시력과 먼 곳을 볼 수 있는 시력을 가지고 있습니다. 하나로는 바로 앞에 뭐가 있는지를 봅니다. 다른 것으로는 별들을 보고 내가 갈 길의 방향을 잡습니다."

자신

그림 속에 자신을 집어넣는 걸 잊지 마세요! 이것은 자신의 꿈이 멋있다고 스스로 생각한다는 걸 보여줍니다. 그리고 여러분이 팀의 중요한 부분이라는 사실도 보여줍니다. 잊지 마세요. 여러분을 뒤따르는 사람들은 본받을 모델이 필요하다는 것을. 그리고 그 모델이 여러분이라는 것을.

그들이 좋아하는 것

그림을 마치기 전에, 여러분을 뒤따르는 사람들이 중요하게 여기는 것이 있으면 그림 속에 그려 넣으세요. 여러분의 팀 구성원들이 말하는 것을 다 들으세요. 훌륭한 리더는 혼자 생각하지 않습니다. 그들은 큰일을 이뤄내기 위해서 팀과 함께 일을 합니다. 서로 나눠 가진 꿈이 삶의 모든 부분을 더 나은 것으로 만들 방법에 대해 생각하세요.

내 꿈을 위해
조심해야 할 사람들

여러분의 꿈을 실현해나가는 길목에 나타날 수 있는 열 가지 유형의 조심해야 할 사람들이 있습니다. 그들은 꿈에 대한 걸림돌들이자 일종의 시험이라고 할 수 있습니다. 이런 잘난 체하는 자들을 주의하세요. 그리고 혹시 여러분이 그런 인간이 아닌지 확인해보세요!

1. 한계가 있는 리더들
한계가 있는 리더들은 꿈을 볼 수도 없고 이용할 수도 없습니다.

워런은 동네에 새로 생긴 무료 급식 시설 이야기를 들었다. 그는 도움이 되고 싶어서 통조림 음식을 모으겠다는 결심을 했다. 그는 그다음 일요일에 통조림을 기부해달라고 주일학교 같은 반 친구들에게 제안했다. 그들은 그의 제안을 받아들였다. 그러나 아직은 통조림을 15개밖에 모으지 못했다. 매일 수십 개에서 수백 개쯤 공급하려고 계획했는데, 15개는 그리 많지 않은 수량이었다. 워런은 실망했고, 기부 계획에 대한 열의가 시들해졌다. ✦

  만약 워런이 교회 신도 전체에게 음식을 기증해달라고 제안했다면 얼마나 많은 음식을 모았을까요? 이웃 사람들에게까지 이야기했다면?
  이것은 한계가 있는 리더의 결과를 보여줍니다. 워런은 날마다 아주 많은 사람들에게 음식을 주겠다는 더 큰 꿈을 보지 못했습니다. 그래서 도울 수 있는 방법을 찾던 그의 비전은 주일학교 친구들이라는 작은 범위를 뛰어넘지 못했습니다.

  2. 생각이 굳어버린 사람들
  생각이 굳어버린 사람들은 발이 진흙탕 속에 빠져 있어서 닥친 순간밖에 볼 수 없습니다.

  찰리 브라운은 창조적인 생각을 하는 사람인데, 그는 루시가 볼 수 있게 손을 들고 말했다.

"이건 언젠가는 큰일들을 해낼 수 있는 손이야. 언젠가는 놀라운 일들을 해낼지도 모를 손이라고! 이 손들이 튼튼한 다리를 세우고, 병든 사람들을 고치고, 홈런을 치고, 영혼을 떨리게 할 소설을 쓸지도 몰라! 이건 언젠가는 운명의 진로를 바꿔놓을지도 모를 손이야!"

루시는 사물을 있는 그대로만 보는, 생각이 굳어버린 사람이다. 루시는 이렇게 대답했다.

"아무거나 될 수 있는 반죽을 쥐고 있군."

여러분은 루시입니까, 아니면 찰리 브라운입니까? 매사에 창조적으로 사고하고 멀리 내다보며 꿈꾸는 사람입니까, 아니면 생각이 굳어버린 사람입니까?

3. 독단적으로 말하는 사람들

독단적으로 말하는 사람들은 남의 말을 듣지 않고 혼자만의 생각으로 모든 것을 결정하며, 혼자만의 생각을 말하는 사람으로, 그들은 꿈에 대한 아주 큰 장애물입니다. 어떤 일에 대해 완벽한 확신을 갖기 위해서는 모든 것을 알아야 합니다. 그렇지 못하다면 아무것도 알 필요가 없습니다. 어느 시대에나 독단적으로 말하는 사람들은 아무것도 모릅니다. 그러면서도 그들은 어떤 식으로든지 뭔가를 말합니다.

4. 흥행에 실패한 사람들

흥행에 실패한 사람들은 과거의 실패를 돌아보고, 꿈을 좇는 위험을 두려워합니다. 그들의 구호는 이렇습니다.

"만약 처음에 성공하지 못하면, 시도했던 모든 흔적을 파괴하라."

그들은 다른 사람들이 다시 시도하려는 시도들 역시 모두 파괴하려고 할지도 모릅니다.

베키가 성가대원이었을 때, 그녀는 지역 요양소에 거주하는 분들을 즐겁게 해드리기 위해 그룹을 만들기로 했다.
그런데 아무도 관심을 보이지 않았다. '묵묵부답. 벙어리 아이디어야'라고 베키는 생각했다. 다음 해에, 베키와 같은 반 친구 하나가 똑같은 아이디어를 내놓았다. 그런데 지역 요양소가 아니라 지역 병원이었다. 베키가 말했다.
"그거 벙어리 아이디어잖아."

베키가 그렇게 말한 것에 대해 어떻게 생각하세요? 무언가에 실패한 경험이 있는 사람은 자신감이 거의 없습니다. 베키는 다시 실패하는 게 두려웠을지도 모릅니다. 그래서 그녀는 시도조차 하지 않았습니다.

5. 만족에 잠겨 둥지에 앉아 있는 사람들

만족에 잠겨 둥지에 편안하게 앉아 있는 사람은 인생에서 편안함과 예측, 안전을 좋아합니다. 가끔은 그것이 게으름과 지루함, 비전 없는 상황에 이르게 합니다.

새가 알 속에 있을 때는 둥지가 가장 좋은 곳입니다. 그러나 새에게 날개가 생기면 둥지는 나쁜 곳입니다. 그 안은 부화하기에는 좋은 곳이지만 날아다니기에는 곤란한 곳이니까.

사람들이 자신의 삶의 둥우리를 떠나고 싶어 하지 않는 것은 슬픈 일입니다.

6. 틀에 박힌 사람들

틀에 박혀 있는 사람은 늘 같은 방법으로 일을 합니다. 그것이 늘 해왔던 방법이기 때문에 그들은 과거의 틀을 벗어나지 못합니다. 그것은 분명 안전한 방법일 수 있지만 그 상태로는 앞으로 나아갈 수 없습니다.

무료 급식소가 시작된 지 몇 달이 지나갔다. 그리고 매달 워런은 주일학교에서 모은 많은 통조림 음식을 기증했다. 어느 날, 무료 급식소 운영자가 워런에게 크리스마스 휴일 때 급식소에서 일할 자원 봉사자를 모으는 캠페인을 학교에서 펼칠 수 있는지 물었다.

"하지만 저하고 제 친구들은 음식을 기증해왔잖아요. 우리가 할 일은 그거예요."

운영자는 크리스마스 휴일을 지내기 위해 지역 사회에서 많은 음식을 기증했다고 말했다. 하지만 배고픈 사람들이 2백 명이나 올 텐데 더 많은 자원 봉사자들의 도움 없이는 음식을 나르고 시중을 들어줄 방법이 없었다.

"우린 자원 봉사는 한 번도 하지 않았어요! 우린 음식만 기부할 거예요!"

7. 리더를 따라다니는 사람들

리더를 따라다니는 사람들은 무리에서 떨어지지 않고 한 덩어리로 있기를 원합니다. 그들은 뒤따르는 사람들 대부분이 꿈을 잡은 다음에야 자신들도 그렇게 할 것입니다. 이런 사람들은 맨 앞줄에서는 찾아볼 수 없습니다.

교회의 청소년 지도자는 교회에 온 이후 지난 2년 동안 청소년 동아리에게 기금을 모으게 했다. 선교 여행을 계속하기 위해서였다. 하지만 아무도 관심을 보이지 않았다. 그런데 어느 날, 이벳이 가족들과 함께 교회에 나오게 되었다. 열정적이고 헌신적으로 예수를 따르기 위해 이벳은 선교 여행이라는 아이디어가 굉장히 멋진 것이라고 생각했다. 그래서 그녀는 청소년 지도자에게 그 여행을 가고 싶다고 말하고, 돈을 모으는 데 자신이 도울 수 있는 방법이 뭔지 물었다. 그러고 나자 동아리에 속해 있던 아이들이 하나씩 그 여행에 도움이 되고 싶다는 의사를 밝혀왔다. ★

리더를 따르는 사람들은 일을 안전하게 하기를 좋아합니다. 그들은 시작하기 전에 어떤 일이 제대로 작동되는지 확인하기를 원합니다.

8. 문제를 찾아다니는 사람들

문제를 찾아다니는 사람들은 늘 문제만 봅니다.

워런은 무료 급식소에서 자원 봉사할 학생들을 왜 찾을 필요가 없는지에 대한 변명을 발견했습니다. 그는 운영자에게 말했습니다.

"우리가 다칠 수도 있어요. 무슨 일이 일어날지 모르시잖아요. 누군가 수프 단지를 뒤집어쓸 수도 있고. 뭐, 다른 사람에게 뒤집어씌워 다치게 하거나……."

문제를 찾아다니는 사람은 꿈이 아무리 훌륭해도 거기에다 장애물을 던질 거예요. 주의하세요!

9. 이기주의와 자기 본위의 사람들

이기주의와 자기 본위의 사람들은 비전 파괴자들입니다. 그들은 그저 나, 나, 나, 나만 생각합니다. 위대한 꿈은 모든 사람이 공통의 목표를 향해 노력할 때 이뤄집니다.

워런은 무료 급식소에서 음식을 나르고 시중드는 자원 봉사를 하고 싶지 않다고 말했을 때, 꼭 이기주의자처럼 행동했다. 크리스마스 아침에 일찍 일어나 가족들끼리 축하하는 것도 빼먹고 알지도 못하는 사람들에게 음식을 주기 위해 줄을 서 있어야 한다고 생각하니 그 일에 끼고 싶지 않다는 생각뿐이었다. 그와 그의 친구들이 자원 봉사를 하지 않는다고 해도 누군가는 분명히 할 것이라고 생각했다.

10. 실패를 예상하는 사람들

실패를 예상하는 사람들은 가는 곳마다 어디에든지 비관주의를 뿌리고 다닙니다. 어두운 그림자가 그들의 그림 전체를 지배하죠. 그들의 예측은 우울합니다. 그들은 이런 시시한 소리를 합니다.

"컵에 물이 절반이나 차 있든, 절반이나 비어 있든, 상관 없어. 뭐가 문제야. 안에 뭐가 들어 있든 다 증발해버린다고."

실패를 예상하는 사람들은, 최초의 증기선을 처음 물에 띄우는 날 그걸 보려고 허드슨 강에 모여든 수많은 사람들 속에 끼어 있던 어떤 사람과 같다. 그는 계속 이렇게 말했다.

"배가 뜰 수 있을 것 같아? 배가 뜰 수 있을 것 같냐고?"

하지만 증기선은 연기를 뿜어내더니 빠르게 나아갔다. 그 사람은 금방 이렇게 말했다.

"배가 멈출 수 있을 것 같아? 배가 멈출 수 있을 것 같냐고?"

그러나 증기선은 안전하게 멈췄었다. 그러자 그는 잠시 머뭇거리더니 말했다.

"배가 되돌아올 수 있을 것 같아?" ★

지금까지 살펴본 유형의 사람들을 조심하십시오. 그들은 우리의 꿈을 비웃고 의욕을 떨어뜨릴지도 모르니까요. 물론 여러분 자신에게 이런 면이 있는지도 점검해보고, 있다면 조금씩 계획을 세워 태도를 바꿔나가십시오.

여러분은 자신의 비전이 뭔지 명확하게 알고 있습니까? 여러분의 비전이 자신을 어디로 데리고 갈지 명확하게 알고 있습니까? 자신의 꿈을 계속 살려나가는 방법을 알고 있습니까? 그렇게 하는 것이 무엇보다도 중요한 일입니다.

여러분의 리더십 노트에 꿈이 있는 사람들의 명단을 만들어보세요. 아이디어를 갖고 그들의 꿈을 계속 살려나간 사람들 말입

니다. 여러분이 알고 있는 평범한 사람이어도 됩니다. 유명인이
나 역사적인 인물이어도 됩니다. 여러분이 자신만의 꿈을 실현하
기 위해 노력할 때, 그들을 잊지 마세요.

큰 꿈을 가져라

 소원 빌기

어느 날, 루시와 라이너스는 소원을 빌기 위해 새 가슴뼈를 잡아당기려 하고 있었습니다.

새 요리를 먹다가 Y자 모양으로 된 가슴뼈가 나오면 두 사람이 양끝을 잡아당겨 쪼개는 풍습이 있습니다. 루시는 라이너스에게 가슴뼈가 쪼개졌을 때 긴 쪽을 갖고 있으면 그 사람의 소원이 이뤄진다고 설명을 했습니다. 라이너스가 말했습니다.

"다른 사람이 들을 수 있게 큰 소리로 말해야 해?"

"물론 그래야지. 소리 내어 말하지 않으면 이뤄지지 않을 거야."

그러면서 루시가 먼저 소원을 말했습니다.

"스웨터 네 벌, 자전거, 스케이트, 드레스, 그리고 100달러를 원합니다."

라이너스가 소원을 빌 차례가 되었습니다.

"내 친구들이 모두 아주 오래 살기를 원합니다. 세상이 평화롭기를 원합니다. 제가 의료 연구에서 엄청난 발전을 이루기를 원합니다."

루시는 그 말을 듣고 가슴뼈를 집어서 쓰레기통에 던져버렸습니다!

"라이너스, 넌 그게 문제야. 넌 뭐든지 다 망쳐버리고 말아."

루시는 작은 걸 소원했지만, 라이너스는 큰 걸 바랐습니다. 여러분의 소원은 얼마나 큽니까? 아니면 얼마나 작습니까?

🕐 자니 어릭슨 태더

자니는 십대였을 때 다이빙을 하다가 사고를 당해 목 아래로 모두 마비가 되었습니다. 장애를 극복한 그녀가 요즘 내놓는 작품은(이빨로 붓을 물고 그리는 것인데) 축하·인사 카드, 포스터, 편지지 같은 것입니다. 자니는 매일 라디오 방송을 하고, 자신이 살아온 이야기를 책으로 썼고, 그 책이 영화로 만들어졌을 때 자신의 역을 연기했습니다. 무엇보다도 그녀가 이룬 최고의 성취는, 그녀가 훌륭한 리더라는 것입니다. 그녀는 사람들에게 이런 메시지를 줍니다. "산을 타고 올라가고 벽을 기어 올라가라!"고.

"

새로운 시작,
이제는 내가 이끌 차례!

"

사람들의 이야기를 들어라.
사람들과 함께 있어라.
사람들을 사랑하라.
사람들이 알고 있는 것 위에서 시작하라.
사람들이 가지고 있는 것 위에 세워라.
그러면 그들의 힘든 일이 끝나고
그들의 과업이 이루어졌을 때
사람들은 최고의 리더들에게 말할 것이다.
"우린 함께 이뤄냈어!"라고.
고대 중국의 시

함께 해나가는 기쁨

지금까지 여러분의 리더십 노트는 영향력, 정직·고결·성실, 변화, 우선순위, 문제 해결, 의지력, 그리고 태도와 같은 멋있는 것들로 가득 채워졌습니다. 그리고 여러분은 아마 그 노트 안에 꿈도 몇 개 넣었을 거예요. 여러분을 멋있는 리더로 만들어줄 지식으로 노트를 채웠으니 이제 여러분은 뭘 해야 할까요? 맞습니다. 이끌어가야죠!

이끌어가기 위해서는 뒤따르는 사람들이 있어야 합니다. 맞지요? 그러니까 새로운 변화를 위해서 뒤따르는 사람들에 대해 이야기해봅시다. 결국 우리는 서로를 위해 만들어졌으니까요.

꿈을 간직하고서 얼마나 멀리까지 갈 수 있는가 하는 것은 여러분이 계발한 인간관계가 어떤 종류인지에 달려 있습니다. 위대한 리더는 혼자서 모든 일을 하기를 원하지 않습니다. 모든 명성

239

을 혼자서 차지하고 싶어 하지 않습니다. 대신 다른 사람들이 그 일을 해내도록 도움을 주기 위해 다른 사람들을 북돋우고 그들에게 의지할 줄도 압니다.

여러분이 사람들과 함께 일을 잘해나갈수록, 여러분의 꿈을 실현할 기회는 더 커집니다.

내가 관계의 중요성을 깨달은 것은 나의 아버지 덕분입니다. 십대 초반에 나는 여름 캠프에서 아버지가 다른 사람들과 이야기를 나누며 그들을 북돋우는 걸 본 적이 있습니다. 그는 모인 사람들 사이를 천천히 걸어 다니면서 모든 이에게 활기를 불어넣었습니다. 한번은 아버지가 식당 앞에 있는 마당을 왔다 갔다 하고 있어서 시간을 재보았습니다. 아버지는 5분 걸을 거리를 45분 걸려 걸었습니다. 그는 걷다가 멈추고 걷다가 멈추고 하면서 그곳에 모인 모든 사람이 세상에서 가장 중요한 사람들인 것 같은 느낌을 주었기 때문입니다. 아버지에 대한 태도가 좌절에서 존경으로 옮아간 것은 바로 그때였습니다. 나의 참을성 없음은 그의 참을성이 다른 사람들을 위해 해낸 것을 보고 무너졌습니다.

나는 똑같은 기술을 정말로 배우고 싶었습니다. 그래서 십대의 소년 입장에서 그에게 다가가서, 관계를 맺는 기술을 가르치는 아버지의 강의 코스에 넣어주지 않겠느냐고 물었습니다. 아버지는 나에게 가르쳐주었을 뿐만 아니라, 그것을 끝까지 마칠 수 있게 도와주었습니다. 마치 아버지 본인이 공부하는 사람인 것처럼

열심히! 사람들이 자신을 특별하게 느끼게 하는 것이 진정으로 그들을 자극한다는 걸 배운 것은 그 시절이었습니다.

칭찬과 격려의 힘

우리는 종종 사람에 대해 잘못된 추측을 합니다. 만약 어떤 사람이 좋은 친구가 아닐 거라고 추측했다면, 그런 다음에는 그것이 그 사람을 대하는 여러분의 방식이 되어버립니다. 만약 어떤 사람을 보고 여러분과 우정을 나눌 만한 사람이라고 추측했다면, 여러분은 아마 그 사람을 더 긍정적으로 대할 것입니다.

누구나 자기 가치를 인정받기 원합니다.

사람들은 자신이 중요하다고 생각할 필요가 있습니다! 사람들이 자신을 가치 있다고 느끼게 만드는 것이 리더의 일입니다. 여러분의 리더십 노트에 친구들 중 세 명의 이름을 쓰십시오. 각각의 이름 아래 그 친구의 자존심을 키워줄 확실한 칭찬을 쓰세요. 다음에 그 친구를 만나면 그 칭찬을 해주는 걸 잊지 맙시다.

다음으로, 누구나 격려를 받아야 할 필요가 있습니다. 이와 관련해서 밍 리의 이야기를 읽어보세요.

파트타임으로 밍 리는 댄스 교습 지도를 했다. 그녀는 초등학교 여자아이들의 그룹에게 콘테스트 준비를 시키고 있는 중이었는데, 아이들 중 하나가 평소에 춤추는 것처럼 하

지 못하는 걸 발견했다. 밍 리는 뭔가 잘못되지 않았을까 걱정이 됐다.

그 아이와 둘만 남았을 때 밍 리는 그 아이를 불렀다.

"모니카, 너 좀 이상해 보이는구나. 괴로운 일이라도 있니?"

모니카가 대답했다.

"콘테스트가 걱정돼요. 제가 엉망으로 만들어 우리 팀이 져 버리면 어떡하죠?"

밍 리는 이렇게 대답했다.

"만약 그런 일이 일어나도 세상이 끝나는 건 아니니까 걱정 마. 넌 춤을 굉장히 잘 추잖아. 내가 해줄 말은 최선을 다하려고 노력해보라는 거야." ★

밍 리는 격려하는 리더입니다. 격려는 영혼을 위한 산소와 같습니다. 헨리 포드는 "나의 가장 친한 친구는 내가 최선을 다하게 이끌어주는 친구다"라고 말했습니다. 모든 리더는 사람들에게서 최선을 이끌어내기를 원합니다. 성공한 리더는 격려가 최선을 이끌어내는 방법이라는 걸 알고 있습니다.

일이 잘 안될 때 여러분을 격려해주던 사람을 생각해보세요. 그 사람들은 여러분의 진정한 친구입니다. 그런데 여러분은 어떻습니까? 격려하는 사람입니까?

다음은 모두 격려하는 말들입니다. 다른 격려의 말을 더 생각해보고, 나의 격려가 필요한 사람은 없는지 주위를 둘러보세요.

> "조금만 참자."
>
> "난 널 믿어."
>
> "네가 할 수 있다는 걸 난 알아."
>
> "너 대단한 걸 하는구나!"
>
> "내가 도와줄까?"
>
> "그 얘기 좀 할까?"

 좋은 본보기 되기

누구에게나 본보기가 필요합니다.

롬발디 코치의 성공은 좋은 본보기에게 사람들이 어떻게 반응하는가를 보여주는 훌륭한 예입니다.

빈스 롬발디는 역사상 가장 위대한 미식축구 코치 중 하나였다. 그는 자기 팀을 NFL(전미 미식축구 리그)에서 다섯 번, 슈퍼볼에서 두 번이나 우승으로 이끌었다. 그가 그렇게 할 수 있었던 비결은 자기 팀 선수들에게서 최선을 이끌어내는 방법을 안 것이었다.

롬발디는 팀워크에 초점을 맞추었다. 리더란 모든 걸 제쳐놓

고 맨 먼저 자기 팀을 북돋워줘야 한다는 걸 그는 알았다. 만약 상대를 존경으로 대하고 승리자처럼 대하면, 그들은 승리자처럼 경기를 할 거라는 걸 그는 잘 알았다. 그는 모든 선수들에게 헌신과 희생을 요구했다. 그의 선수들 중 하나는 롬발디를 이렇게 묘사했다.

"내가 만난 사람 중에서 가장 올바른 사람."

여러분은 이미 좋은 본보기가 되는 방법을 많이 배웠습니다. 이제 배운 것을 친구들에게 어떻게 보여주느냐 하는 것은 여러분에게 달려 있습니다. 하룻밤 자고 나니까, 또는 가만히 앉아 있는데 성공이 이뤄지는 경우는 없다는 걸 여러분은 알고 있습니다. 그것은 리더십 사다리의 모든 단계에 적용됩니다. 즉 영향력, 정직·고결·성실, 변화, 우선순위, 문제 해결, 의지력, 그리고 태도에 다 적용됩니다. 그것을 사람들에게 퍼뜨리세요. 좋은 예를 들어서 친구들에게 그것을 가르쳐주세요. 늘 좋은 본보기가 되세요. 여러분이 좋은 본보기가 될수록 인간관계는 더 성공적이 될 것입니다.

리더십 노트에, 친구들을 위해 좋은 본보기가 될 수 있는 방법을 세 가지만 적어보세요. 가령 거짓말하지 않기, 팀플레이 이끌기, 유머 감각을 잃지 않기 등등 여러분이 자신 있는 것 중에서 편안하게 고르면 됩니다.

동기 부여하기

사람들은 참여하고 싶어 합니다.

교회에서 웹사이트를 만드는 컴퓨터 강좌를 열었을 때, 샘은 망설이지 않고 나가기로 했습니다. 샘은 가족들이나 친구들과 자신의 생각을 나눌 수 있는 홈페이지를 가지면 멋있을 거라고 생각했습니다. 하지만 그 강좌는 샘이 기대했던 것과는 전혀 달랐습니다.

강좌 선생님은 준비가 되어 있지 않았습니다. 그녀는 책에서 설명 부분을 읽고 학생들이 직접 해보게 하는 대신, 방 앞쪽에 설치해놓은 컴퓨터 한 대에서 어떻게 하는지 보여주기만 했습니다. 첫 주에 26명의 학생이 나왔습니다. 두 번째 주가 되자 열 명만 남았습니다.

나쁜 선생님은 가장 재미있는 과목마저도 지루하게 만들 수 있는 능력을 가지고 있습니다. 그것은 꿈에 대해서도 마찬가지입니다. 세상에서 가장 멋있는 비전을 가지고 있더라도 그것이 허무하게 무너져 완전히 실패하는 경우가 있습니다. 왜냐고요? 리더가 사람들에게 동기를 부여해주는 방법을 모르기 때문입니다. 우리는 모두 일에 흥미를 가지고 재미있게 하기를 원합니다. 그리고 우리는 그 과정의 어떤 부분이 자신의 것처럼 느껴지기를 원합니다.

여러분이 리더라면 동기 부여 혹은 다른 사람이 참여하고 싶

게 자극하는 것은 전적으로 여러분의 일입니다. 그룹을 이끌 때, 그 팀을 벌떡 일어나 출발하게 만드는 것은 여러분에게 달려 있습니다.

동기를 부여하는 자극 다섯 가지

1. 사람들은 자신들이 이바지하는 것이 가치 있다고 믿는다.

2. 사람들은 꿈을 만들고 설계하는 일에 참여하고 싶어 한다.

3. 사람들은 알아주기를 원한다. (이것은 꽤 중요한 사실이다.)

4. 사람들은 남들이 자신들에게 뭘 기대하는지 확실하게 알기를 원한다.

5. 사람들은 자신들이 성공적으로 할 수 있다는 것을 알고 싶어 한다.

팀의 구성원들은 확실한 것을 원합니다. 그리고 좋은 리더는 그들이 그런 걸 얻을 수 있게 도와주기 위해서 그들과 함께 일할 것입니다.

뒤따르는 사람들에게 이 다섯 가지를 잊지 않고 해준다면, 팀은 달려나갈 것입니다. 이 일들을 잊어버리고 해주지 않는다면 그들은 빈둥거릴 것입니다.

리더가 피해야 할
다섯 가지

1. 업신여기는 사람

잭은 교회에서 청소년 그룹을 이끌어가고 있었습니다. 그 그룹은 밸런타인데이 파티를 주제로 토론하고 있었습니다. 토론은 제대로 진행되지 않았습니다. 그날 밤에는 모두 바보처럼 굴었습니다. 웃고 즐기는 이야기들만 많았습니다.

모두 농담을 하고 있는데 그룹에서 조용한 편인 마틴이 주제에 맞는 제안을 내놓았습니다. 그러자 잭은 별생각 없이 말했습니다.

"마틴, 썰렁하잖아!"

그는 농담으로 말한 것이지만 마틴의 얼굴이 빨개진 것을 보니 많이 당황한 것 같았습니다.

마틴은 자주 발언을 하는 아이가 아니었습니다. 그리고 잭의 말은 마틴이 다시는 발언을 못 하게, 동기를 부여하는 길을 확실하게 막았습니다.

말을 가로막는 것은, 더구나 농담으로 그러는 것은 상대에게 상처를 줄 수 있습니다. 좋은 리더는 자신이 세심해야 한다는 걸 알고 있습니다. 농담을 할 때에도.

2. 속이는 사람

토니카는 스페인어 클럽에서 맡은 기록 정리 일을 좋아하지 않았습니다. 기록 정리가 하는 일은 쓰고, 쓰고, 또 쓰는 일입니다. 그래서 토니카는 그녀의 반 친구인 말시를 설득해서 그 일을 맡게 했습니다. 하지만 솔직하게 말하지 못하고 속이고 말았습니다.

"이봐, 말시. 스페인어 클럽의 기록 정리를 해보지 않을래? 굉장히 멋진 일이야."

토니카가 그렇게 말한 것에 대해 어떻게 생각합니까? 말시가 어떻게 생각했을까요? 그녀는 토니카를 금방 꿰뚫어보았습니다. 말시는 그 일이 지루하다는 것을 알고 있었습니다. 그런데 그녀가 토니카를 도울 방법은 없었습니다. 특히 말시가 그 일을 맡게 하려고 속인 마당에 말입니다.

속이는 사람은 늘 마음속에 감추어둔 계획 같은 것이 있습니다. 조심하세요! 만약 그들이 하고 싶지 않은 일이 있다면, 그들

은 그걸 여러분에게 하게 하려고 할 것입니다. 혹은 만약 여러분이 그들을 도울 방법이 있다면, 그들은 갑자기 여러분의 가장 친한 친구가 될 것입니다. 속이는 사람은 자신을 위해 일을 합니다. 팀을 위해 일을 하지 않습니다.

속고 있다거나 이용을 당하고 있다는 느낌을 받으면 누구나 싫어합니다. 속임수는 그것이 아무리 작은 것이라도 인간관계에서 믿음이라는 탑을 허물어버립니다. 감추는 것보다 솔직하고 진실하게 드러내는 리더가 더 많은 것을 얻습니다. 만약 여러분이 격려와 칭찬을 통해 사람들을 모은다면, 그때는 그들이 동기를 갖게 되고 성실하게 임할 것입니다. 기억하세요. '주어라. 그러면 그것이 다시 너에게 되돌아올 것이다' 라는 말을.

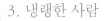 3. 냉랭한 사람

모든 사람은 다른 사람이 자기 느낌을 섬세하게 대해주기를 바랍니다. 우리 모두에게는 자신이 중요하고 제대로 대우받고 있다는 느낌이 필요합니다.

타이는 좋은 팀 리더였습니다. 하지만 그녀는 일에 파묻혀버리는 버릇이 있었습니다. 그녀가 일을 하고 있을 때는 누가 뭘 물어도 하던 일을 계속할 따름입니다. 대답을 하기는 합니다. 하지만 쳐다보는 법이 없습니다. 그녀는 다른 사람 말에는 전혀 관심이 없는 것처럼 보입니다. 얼마 되지 않아 그녀는 잘난 척한다는 평

250

을 받게 되었습니다. 사람들이 그녀를 따르고 싶은 마음이 들지 않은 것입니다.

그래야 할 이유도 없는데, 타이는 분위기를 냉랭하게 만드는 파괴자가 되었습니다. 그녀는 자신이 팀에게 편안함을 제공할 기회를 잃어버린 것입니다. 위대한 리더는 사람을 최우선으로 합니다. 그들은 절대로 다른 데 신경 쓰고 있다거나 급하게 서두르는 모습을 보이지 않습니다. 솜털을 뭉개는 파괴자가 되지 않는 가장 좋은 방법 중 하나는 친절하고 배려하는 마음으로 남의 애기를 잘 들어주는 것입니다. 잊지 마세요, 사람이 먼저라는 것을!

🧭 4. 싹을 밟아버리는 사람

밟아버리는 사람은 팀을 키우는 데 관심이 없습니다. 그들은 팀원들이 뻗어나가 새로운 일을 시도하도록 격려하지 않습니다. 머지않아 꿈은 김이 새어버립니다. 사람들은 밟는 사람을 따를 마음이 나지 않습니다. 그래서 새로운 꿈을 찾아갑니다. 싹을 밟는 사람들은 팀의 활기를 불러일으키지 않습니다. 그걸 깨버립니다.

퀸틴과 네이오미는 곧 다가올 지역 음악 연주회에서 학교를 대표하여 나가기로 되어 있는 관악 4중주 멤버였다. 둘 다 뛰어난 연주자였다. 퀸틴은 제1트럼펫 연주를 맡았고, 네이

오미는 제1트럼본을 맡았다. 4중주의 나머지 두 연주자 게이
브와 잉그리드가 아주 뛰어난 연주자가 아니라는 것이 유일
한 문제였다.

그들의 학교는 작았다. 퀸틴이 4중주 멤버를 구하려고 돌아
다닐 때에는 이미 네이오미를 제외한 다른 뛰어난 연주자들
은 모두 다른 합주 팀에 들어가버렸을 때였다. 하지만 게이브
와 잉그리드는 퀸틴과 네이오미의 4중주 팀에 끼게 되어 매
우 기뻐했다.

다른 합주 팀들은 콘테스트를 위한 연습을 하기 위해 학교가
끝난 오후를 바쁘게 보냈다. 하지만 퀸틴의 4중주 팀은 일주
일에 단 한 번 연습했다. 그것도 30분 동안만. 특히 연주가 별
로였던 예행연습이 끝난 어느 날 오후에 네이오미가 퀸틴에
게 연습이 더 필요하다고 말했다. 그는 어깨를 으쓱했다.

"귀찮게 뭐 하러?"

그 자리에 있던 게이브와 잉그리드는 동시에 고개를 떨어뜨
렸다.

"우리가 형편없었지."

이 이야기에 나오는 퀸틴은 밟는 사람입니다. 게이브와 잉그리
드를 격려하고 네이오미와 함께 그들이 더 잘하게 도와주는 대
신, 4중주에서 우승하고 싶었던 그들의 희망을 짓밟아버렸습니

다. 그들이 우승할 수 있었을까요? 그들이 연습하고 서로 격려했다면 아마 그랬을지도 모릅니다.

위대한 리더가 되고 싶다면, 여러분의 팀에게 새로운 일을 시도하고 새로운 기술을 익힐 기회를 주세요. 다른 사람이 이뤄놓은 것을 보고 위협을 느끼지 마세요. 대신 그들이 성공하도록 지지해주세요.

 5. 이기적인 사람
어떤 일에서 아무것도 얻을 게 없기 때문에 그 일을 하다가 멈추기를 몇 번이나 했습니까? 그것은 음악 교습일 수도 있고, 동아리 활동일 수도 있습니다. 우리는 모두 바라는 게 다르고 필요한 게 다릅니다. 그리고 가끔 새로운 걸 시도할 때면 우리는 그게 잘 들어맞지 않는다는 걸 알게 됩니다. 그러면 무슨 일이 일어나지요?

모든 사람은 자신의 노력이 특별한 걸 만들어내는지 알고 싶어 합니다. 여러분이 자기 팀에 있는 사람들을 하나하나 진정으로 알게 되면 리더로서 그들을 도울 수 있습니다. 다음과 같은 질문을 해보세요.

'그들은 어떤 일을 잘할까?'
'그들은 어떤 일에 능숙하지 못할까?'

사람들은 약한 분야의 일을 맡게 되면 지루하게 느끼고 기가 꺾이게 됩니다. 즐기는 일을 하는 것이 동기를 자극합니다.

맷은 성적이 좋은 아이인데, 한 과목만은 예외다. 바로 수학이다. 그는 숫자만 보면 정신적인 장벽에 부딪친다. 숫자만 보면 진땀이 난다. 맷이 세상에서 제일 좋아하는 것은 야구다. 그는 유격수인데 팀에서 실력이 가장 좋다. 하지만 지난 학기에 수학에서 낙제를 했기 때문에 학교 규칙에 따라 수학 시험에 통과할 때까지 야구를 할 수 없다.

맷이 빠져 있는 동안 코치는 라말을 유격수 자리로 옮겼다. 그는 원래 훌륭한 외야수였다. 라말은 유격수가 하기 싫었다. 자기에게 잘 맞는 자리가 아니었기 때문이다. 야구 시즌이 되자 그는 자기가 잘하지 못하는 위치의 플레이를 해야 한다는 압박감 때문에 점점 더 풀이 죽게 되었다. 그라운드에 서면 집중력을 잃었다. 그는 자신이 팀에 더 이상 보탬이 되지 못하고 있다는 걸 알았다. 그래서 팀을 떠날 생각을 하기 시작했다.

팀의 투수 에버릿은 라말의 좌절을 알아차렸다. 그는 팀이 한 시즌에 훌륭한 선수를 두 명이나 잃을 필요는 없다고 생각했다. 그런데 그는 라말에 대해 그가 알고 있었던 특별한 것을 기억해냈다. 라말은 수학에 뛰어났다. 숫자에 매우 능숙해서

254

학교의 수학 팀에도 들어 있었다. 에버릿은 코치에게 상의한 다음, 라말과 맷에게 계획을 하나 제안했다. 일주일에 3일 동안 라말이 맷에게 수학을 가르치는 선생이 되는 것이었다.

곧 맷의 성적은 올라갔다. 그래서 그는 팀의 유격수 자리로 다시 돌아왔다. 그건 라말이 그가 좋아하는 외야로 돌아갈 수 있다는 뜻이었다. 맷은 마침내 수학의 모든 숫자들을 이해할 수 있었다. 그리고 라말은 팀의 친구가 상당히 가치 있는 지식을 얻는 데 도움을 주었다는 걸 알고 만족을 느꼈다. ★

귀를 열고,
마음을 얻으세요

256

좋은 인간관계는 무엇보다 남의 말을 잘 들어주어야 가능해집니다. 좋은 리더는 귀 이상의 것으로 사람들의 말을 듣고, 단어 이상의 것을 듣습니다. 여러분은 어떤 종류의 귀인지, 얼마나 다른 사람의 말을 잘 들어주는지 알아보기 위해 이 퀴즈를 풀어봅시다.

나는 남의 말을 얼마나 잘 듣는가?

1. 누가 말하고 있을 때, 그가 말을 마치기도 전에 얼마나 자주 끼어드는가?

2. 말하는 사람이 느끼는 것을 얼마나 자주 이해하려 노력하는가?

3. 선생님이 말하는 것을 노트에 적을 때, 얼마나 자주 핵심 사실이나 구절을 적어 넣는가?

4. 선생님이나 말하는 사람의 뜻을 확신하지 못할 때 설명을 해달라고 요구하는가?

5. 선생님이나 말하는 사람에게 동의하지 않을 때 얼마나 자주 화가 나거나 당황하는가?

6. 듣고 있을 때 어리둥절해지고 당황하면 얼마나 자주 마음을 진정하고 가다듬는가?

7. 누군가의 말에 관심이 없을 때도 관심을 가지려 노력하는가?

리더십 노트의 맨 위에 한 줄로 '언제나', '보통이다', '거의 하지 않는다', '전혀 하지 않는다'라고 써 넣으세요. 그런 다음 선을 그어 아래 표처럼 만드세요. 이제 퀴즈를 풀면서 아래의 칸에 번호별로 표시해보십시오.

	언제나	보통이다	거의 하지 않는다	전혀 하지 않는다
1				
2				
3				
4				
5				
6				
7				

채점 : 위 질문에 대해 '언제나'에 대답했을 경우 4점, '보통이다'에는 3점, '거의 하지 않는다'에는 2점, '전혀 하지 않는다'에는 1점.

26점 이상 : 훌륭합니다! 훌륭한 귀를 가진, 매우 잘 들어주는 사람이군요.

22~25점 : 좋아요. 평균 이상의 좋은 귀를 가진, 잘 들어주는 사람입니다.

대부분의 사람들이 원하는 것은 자기 이야기를 들어주고, 자신이 존중받고 이해되는 것입니다. 그러면 세심한 사람들은 여러분이 자기를 이해해주고 있으며, 자신들 역시 여러분의 관점을 이해하기 위해 더욱 적극적이 되었다는 것을 알게 됩니다. 좋은 인간 관계를 원한다면 남의 말을 잘 들어줄 수 있는 위대한 귀가 되는 법을 배우세요.

258

계산하지 말기

인간관계가 균형을 잃었을 때 문제가 발생합니다. 여러분과 사이가 좋지 않은 사람을 하나 떠올려보세요. 여러분의 리더십 노트에 그 인간관계에서 얻은 것이 뭔지 적어보세요. 그런 다음 그 관계를 위해 여러분이 한 일을 적어보세요.

이제 두 리스트를 비교해봅시다. 적어놓은 게 몇 개나 되는지는 세어볼 필요 없습니다. 대신 자신에게 물어보세요.

"내가 준 것과 받은 것을 비교하면 누가 더 좋은 몫을 챙긴 거지?"

그 관계를 개선하기 위해 여러분은 뭘 할 수 있습니까? 두 사람이 똑같이 좋은 몫을 얻었을 때 그들은 서로를 존중하게 됩니다. 다음에 나와 있는 예를 보세요. 더 나은 몫을 차지한 게 누구라고 생각하세요?

> **내가 얻은 것**
>
> 그 사람은……
>
> 언제나 제시간에 맞춰 약속 장소에 나오고,
>
> 내게 정말로 필요한 게 있을 때 진심으로 나를 도와주고,
>
> 자기 테니스 라켓도 빌려준다.

> **내가 준 것**
>
> 나는……
>
> 그 애가 숙제하는 걸 도와주고,
>
> 고민을 들어주고 함께 놀아주고,
>
> 해야 할 일이 있을 때도 놀아준다.

자, 한창 계산 중이었나요? 그런데 여러분, 어떤 사람이 "해야 할 숙제가 너무 많아"라고 말했다고 합시다. 그러면 여러분은 "네 숙제가 너무 많다고! 넌 '내' 숙제가 얼마나 많은지 봐야 돼"라고 대답합니다. 그것은 좋은 리더의 자세라 할 수 없습니다. 그것은 여러분이 이렇게 말하는 것과 같습니다.

"넌 네가 상황이 안 좋다고 생각하는 거지? 하지만 나한테 불평하지 마. 나는 상황이 더 나쁘니까 말이야."

누군가의 자부심의 양식을 훔치는 것은 하기 쉬운 일입니다. 다른 사람의 자부심의 양식을 훔쳐내는 것으로 여러분 자신의 자존심의 요구를 만족시키는 모습을 자신에게서 몇 번이나 찾을 수 있는지, 내일 재미 삼아 한번 세어보세요.

좋은 인간관계는 자존심을 세워주는 데서 자랍니다. 그러니까 준 것보다 더 많이 가지려는 걸 경계해야 합니다.

다 왔습니다. 여러분은 끝까지 해냈습니다! 리더십 사다리의 마지막 단계까지 올라왔습니다. 여러분은 진정한 리더가 되었습니다. 얼마나 멋있어요! 여러분은 '리더'가 그저 타이틀 이상의 것이라는 걸 배웠습니다. 리더가 된다는 것은 여러분이 누구며, 여러분의 인생을 살아가기 위해 어떤 선택을 할 것인가와 관계가 있습니다. 리더가 된다는 것은 좋은 예를 제시하고, 여러분의 꿈에 도달하고, 좋은 인간관계를 갖는 일입니다.

이제 여러분이 해야 할 일은 배운 것을 실행하는 것입니다. 날마다 여러분의 리더십 기술을 행동으로 옮기세요. 실행하면 할수록 더 좋은 리더가 될 것입니다. 그리고 리더십 노트를 잊지 마세요. 막힐 때면 언제나 리더십 노트를 꺼내 모든 종류의 위대한 리더십 관련 정보를 찾아볼 수 있습니다. 그렇게 하세요! 가서 사람들을 이끌어가세요!

갈등을 해결하는 10계명

'갈등'과 마주치는 건 누구나 좋아하지 않습니다. 하지만 갈등은 인간관계의 한 부분입니다. 해결되지 않고 남아 있는 갈등은 여러분의 팀을 썰렁하게 만들어 멈춰 세우고 말 것입니다. 사람이 문제의 근원일 때는, 그들과 맞부딪치는 것이 리더로서 여러분이 해야 할 일입니다. 그것은 대부분의 리더에게는 하기 어려운 일이죠. 그러나 위대한 리더들은 그렇게 하고, 또 그 일을 즐깁니다.

'맞부딪친다'라는 단어가 너무 부담스럽다면 대신 '정리한다'라는 단어를 쓰기로 합시다. 사람들과 마주치는 대신 문제들을 정리하는 것으로 생각해보세요.

여러분에게 풀어야 할 문제가 있다면 '정리의 10계명'을 사용해보세요. 그것들이 여러분의 인간관계를 제 궤도에 되돌려놓는 데 도움을 줄 것입니다.

정리의 10계명

1. 비밀리에 하는 것이 좋다.

2. 되도록 미루지 말고 빨리 해야 한다. 더 나빠질 때까지 기다리는 것보다 빨리 하는 것이 낫다.

3. 한 번에 한 가지씩 해야 한다. 문제가 잔뜩 적혀 있는 목록으로 그 사람에게 무거운 짐을 지우면 안 된다.

4. 일단 내 주장이 옳다는 것이 밝혀지면, 다시 반복하지 않는다.

5. 그 사람이 고칠 수 있는 행동만을 다뤄야 한다. 그 사람에게 할 수 없는 것을 하라고 요구하면 인간관계가 깨진다.

6. 비꼬지 않는다. 비꼬는 것은 내가 '사람들'에게 화가 나 있다는 신호다. 그들의 '행동'에만 화를 내야 한다.

7. '언제나'와 '절대로' 같은 말들을 쓰지 않는다. 그런 말들은 사람들을 방어적으로 만든다.

8. 가능하면 비판하더라도 제안이나 질문의 형태로 제시한다.

9. 그 사람과 부딪친 것에 대해 사과하지 않는다. 그렇게 하면 내가 그럴 권리가 있는지 확신하지 못했다는 뜻이 될 수 있다.

10. 칭찬을 잊지 않는다. '채찍과 당근' 접근법을 활용하라. 칭찬하고 부딪치고 또 칭찬한다.

존 맥스웰의 청소년 리더십 수업

리더를 꿈꾸는 10대에게

초판 1쇄 발행 2011년 12월 23일
개정 3판 1쇄 발행 2023년 7월 3일

지은이 존 C.맥스웰
옮긴이 김성
일러스트 이아미
펴낸이 이범상
펴낸곳 (주)비전비엔피 · 애플북스

기획 편집 이경원 차재호 정락정 김승희 김연희 박성아 김태은 신은정 박승연 박다정
디자인 최원영 허정수 이설
마케팅 이성호 이병준
전자책 김성화 김희정
관리 이다정

주소 121-894 서울특별시 마포구 잔다리로7길 12 (서교동)
전화 02) 338-2411 | **팩스** 02) 338-2413
홈페이지 www.visionbp.co.kr
인스타그램 www.instagram.com/visionbnp
포스트 post.naver.com/visioncorea
이메일 visioncorea@naver.com
원고투고 editor@visionbp.co.kr

등록번호 제313-2007-000012호

ISBN 979-11-92641-15-7 43190

도서에 대한 소식과 콘텐츠를
받아보고 싶으신가요?